2018 다보스리포트

빅테크 빅웨이브

2018 다보스리포트

빅테크
빅웨이브
BIG TECH BIG WAVE

박봉권·박용범·김세웅·김유신 지음 김정욱 감수

매일경제신문사

2017년 세계경제포럼 연차총회(다보스포럼)는 '차보스Chavos·China+Davos' 라는 말로 요약됐다. 2017년 스위스 다보스는 온통 '붉은색' 물결이었다. 시진핑 중국 국가주석이 현직 주석으로서는 처음으로 다보스포럼 현장을 찾았기 때문이다. 다보스포럼이 열리는 다보스 콩그레스 센터 국기게양대에 걸린 오성홍기가 성조기를 뒤로 밀어낼 만큼 중국 바람이 거셌다.

그런데 '분절된 세상, 공동의 미래 창조Creating a Shared Future in a Fractured World'를 주제로 열린 2018년 다보스포럼 국기게양대에서 오성홍기는 다시 성조기에 밀려났다. 도널드 트럼프 미국 대통령이 참석했기 때문이다. 2018년 다보스포럼은 트럼프로 시작해서 트럼프로 끝났다고 해도 과언이 아니다. 미 대통령으로는 지난 2000년 빌 클린턴 이후 18년 만에 포럼에 모습을 드러낸 트럼프 대통령의 반反세계화 메시지는 자유무역·세계화를 기치로 내건 다보스포럼 비전과 정면충돌했다.

트럼프 참석 때문인지 2018년 다보스포럼에는 에마뉘엘 마크롱 프랑스 대통령, 앙겔라 메르켈 독일 총리, 테레사 메이 영국 총리, 나렌드라 모디 인도 총리, 쥐스탱 트뤼도 캐나다 총리, 베냐민 네타냐후 이스라엘 총리 등 역대 최대 규모인 70명의 국가정상이 참가했다.

또 2018년에는 모처럼 글로벌 경제 낙관론이 포럼 현장을 뜨겁게 달궜다. 4차 산업혁명 총아인 블록체인은 다보스포럼에서 가장 자주 들을 수 있는 유행어가 될 정도로 큰 관심을 받았다.

4차 산업혁명이라는 거대 담론이 2016년 다보스포럼에서 제시된 지 2년이 흘렀다. 눈에 보이지 않고 실체가 없다는 비판도 받았던 4차 산업혁명은 블록체인 시대를 맞아 한차례 진화했다. 2018년 다보스포럼 참석자들 사이에서 4차 산업혁명이라는 단어보다 블록체인이라는 단어가 더 많이 들렸다.

필자는 이를 '빅테크Big Tech'로 정의한다. 이는 지금까지 경험하지 못한 기술 진화를 의미한다. '빅테크'는 '빅웨이브Big Wave'를 일으키고 있다. '빅웨이브'는 인간 삶의 'A 부터 Z'까지 완전히 바꿔 놓을 것이다. 모든 상식이 깨지는 시대가 올 것이다. 이런 쓰나미 같은 높은 파고의 '빅웨이브'는 이제 시작됐다.

《2018 다보스 리포트: 빅테크 빅웨이브》는 블록체인이 정치·경제·사회에 미치는 영향, 마침내 변곡점을 통과한 것으로 보이는 세계

경제, 외교·안보·경제 질서를 일거에 흔들고 있는 미국과 이에 맞서는 세계화주의자들의 가치 전쟁 등 2018년 다보스포럼의 화두를 총정리했다. 세계를 움직이는 거물들의 세션과 인터뷰, 현장 분위기를 꼼꼼히 담았다. 이 책은 총 4장으로 구성됐다.

1장 '테크 르네상스'는 르네상스가 중세시대 인본주의로 돌아가자는 정신이었던 것처럼 기술 발전이 인간 중심으로 이뤄져야 할 필요성을 주로 담았다. 특히 블록체인을 비롯한 4차 산업혁명의 주요 기술 변화가 가져 올 사회상에 대한 토론과 논의를 다뤘다. 다보스포럼 현장에서는 블록체인이 향후 세계를 바꿀 큰 플랫폼이 될 것이라는 점에 대해 이견이 없었다.

무라트 쇤메즈 세계경제포럼 4차 산업혁명센터장은 "블록체인은 지난 20여 년간 인터넷이 세상에 영향을 미친 것보다 더 큰 잠재력을 갖고 있다"고 강조했다. 블록체인은 기술 그 자체보다 사회 질서를 바꾼다는 점에서 영향력이 크다는 진단이다. 블록체인은 정보를 독점하고 통제하는 '사령부'가 없는 것이 핵심이기 때문이다. '탈중앙집권화' 추세는 정치·사회적으로 기득권을 급속도로 와해시킬 것으로 보인다. 에스토니아처럼 이런 변화를 선도하고 있는 국가가 세계적인 주목을 받을 것이란 분석이다.

사이버 보안도 큰 관심을 끌었다. 다보스포럼은 2017년 워너크라이 사태가 앞으로 벌어질지 모르는 더 큰 사건·사고의 전조라는 데 위기의식을 갖고 이를 그 어떤 경제적 위험보다 위협적인 것으로 판단했다.

2장 '빅웨이브 세계 경제'에서는 순항하는 글로벌 경제와 다보스포럼 현장을 지배한 장밋빛 전망에 대한 분석을 담고 있다. 동시에 과도한 경기낙관론에 대한 글로벌 빅샷들의 경고 목소리도 담겨 있다. 글로벌 회계컨설팅기업 PwC가 전 세계 1,300여 명의 CEO를 대상으로 한 설문조사에서 응답자의 57%가 앞으로 1년간 체감경기가 더 나아질 것으로 봤다. PwC가 관련 설문조사를 실시한 이후 긍정적 답변이 과반수를 넘어선 것은 이번이 처음이다. 글로벌 경제 순항과 전 세계적인 주식시장 랠리 속에 국제통화기금IMF은 다보스포럼 현장에서 기자회견을 갖고 2018년과 2019년 성장률을 각각 0.2%포인트씩 상향조정한 3.9%로 끌어올렸다.

하지만 과도한 낙관론에 대한 경계감도 적지 않았다. 특히 글로벌 경제 전망이 낙관 일색이라는 점이 오히려 공포스럽다는 지적까지 나왔다. 세계 최대 사모펀드 중 하나인 칼라일의 데이비드 루벤스타인 회장은 "대부분의 사람들이 2018년이나 2019년 초까지 리세션(경기침체) 같은 것은 없을 것이라고 생각하는 게 가장 큰 걱정거리"라며 "사람들이 행복감에 젖어 있고 자신감이 넘칠 때 뭔가 잘못되는 경우가 많다"고 꼬집었다. 크리스틴 라가르드 IMF 총재도 "현 글로벌 경제가 아주 좋은 상태(스윗스팟sweet spot)에 있다"면서도 "글로벌 시장과 정책결정권자들이 너무 안도complacency하고 있는데 중장기적으로 시장 변동성을 키울 경제·정치적 도전과제가 적지 않다"고 경고했다.

저금리로 쉽게 빌릴 수 있는 돈을 뜻하는 '이지머니easy money' 시대

종언에 대한 논쟁도 뜨거웠다. 물가 상승 압력이 점차 가시화할 것으로 전망되면서 각국 중앙은행이 이지머니라는 아드레날린을 거둬들일 채비를 서두르고 있다. 미국 연방준비제도는 2017년 세 차례 기준금리를 올렸고, 2018년에도 기준금리를 계속해서 인상할 것을 예고했다. 유럽중앙은행ECB은 QE 규모 축소는 물론 중단도 준비하고 있다. 미국 경제석학인 케네스 로고프 하버드대 교수는 "인플레이션 과속으로 시장 예상보다 더 큰 폭과 더 빠른 속도로 금리가 점프하면 글로벌 주식시장 붕괴를 각오해야 한다"고 경고했다.

세계 경제를 대혼란에 빠트리고 있는 트럼프의 충동적인 무역·환율정책은 무역·환율전쟁 가능성을 높여 현장을 발칵 뒤집어놓기도 했다. 미국 재무장관이 "달러 약세는 미국 무역에 좋다"는 취지의 발언을 했다. 그런데 곧바로 그의 보스인 트럼프 대통령은 "우리는 강强달러를 원한다"며 이를 완전히 뒤집는 발언을 내놨다. 상반된 발언으로 외환시장에서 달러값은 롤러코스터를 탔다.

미국과 함께 G2(주요 2개국)를 이루는 중국의 정책 변화도 감지할 수 있었다. 개혁·개방 40주년을 맞아 진리췬 AIIB(아시아인프라투자은행) 총재는 '흰색 코끼리White Elephant'와의 결별을 선언하며 중국이 추진해온 일대일로一帶一路(육해상 실크로드) 정책에서부터 이런 변화가 시작될 것으로 예고했다. 흰색 코끼리는 외관은 화려하나 쓸모가 없는 무용지물을 의미한다. 화려한 외면을 유지하는 데 돈이 많이 들지만 처분하기는 힘든 애물단지란 뜻이다.

3장 '부러진 세계'는 세계화와 반세계화가 정면충돌하는 양상을 그린다. 트럼프 대통령은 폐막 연설자로 나서 "어떤 나라 정상도 자국 국민을 최우선으로 할 것"이라며 미국 우선주의는 잘못된 게 아니라는 주장을 펼쳤다. 그는 "미국 경제가 잘 되면 전 세계도 번영을 누린다"고 강조했다. 상대국의 희생을 통해 이익을 착취하는 행위를 좌시하지 않겠다는 경고도 내놨다. 트럼프 대통령은 포럼 참석 직전에 중국, 한국 세탁기 등에 고율의 관세를 물리는 '세이프가드(긴급수입제한)'을 발동, 무역 전쟁 신호탄을 쏘아올린 바 있다.

취임 후 다자간 협정에서 발을 빼고 기후협약에서 탈퇴하는 한편 보호주의적이고 국수주의적 색채가 강한 미국 우선주의로 글로벌 자유무역질서를 와해시키고 있는 트럼프에 맞서 각국 정상과 글로벌리스트(세계화주의자)들은 더 강하게 자유무역과 세계화를 밀어 붙어야 한다는 주문을 내놨다. 에마뉘엘 마크롱 프랑스 대통령은 "세계화가 커다란 위기를 겪고 있다"며 "각국과 시민사회가 힘을 합쳐 이 같은 도전에 맞서야 한다"고 주문했다. 나렌드라 모디 인도 총리는 개막연설을 통해 "보호주의 힘이 세계화에 맞서 고개를 쳐들고 있다"며 반세계화와 고립주의 흐름을 경고했다. 앙겔라 메르켈 독일 총리도 "고립주의는 도움이 안 된다"며 "우리는 협력을 해야지 보호주의는 답이 아니다"고 강조했다.

부록에서는 '주요국 정상들의 특별 연설'을 모았다. 미국·영국·프랑스·캐나다 정상의 연설문 주요 내용이 2018 다보스 리포트부터 처음으로 담긴다. 각국 정상의 연설을 그대로 실어 발언의 맥락과 지향점을 면밀히 파악하고 감지할 수 있다.

이처럼《2018 다보스 리포트: 빅테크 빅웨이브》는 정치·경제·사회·기술 등 현재의 단면과 변화하는 미래상을 전반적으로 정리한 책이다. 어느 곳에 위기가 도사리고 있고 그 가운데 내재된 기회는 무엇인지를 보여주려고 했다. 독자 여러분이 큰 흐름을 잡고 한발 앞선 시각을 갖는 데 도움이 되길 바란다.

책이 나오는 데 큰 도움을 준 〈매일경제〉 국제부 안정훈, 홍혜진 기자, 지식부 안갑성, 박종훈 기자, 윤선영, 장지현, 조예진 연구원에게 감사의 말씀을 올린다. 꼼꼼한 감수로 책의 가치를 더한 〈매일경제〉 김정욱 국차장 겸 지식부장, 세계지식포럼 사무국장에게도 사례를 표한다.

공동저자

박봉권 박용범 김세웅 김유신

PART 2

빅웨이브 세계 경제

PART 3
부러진 세계

PART 1

———

테크
르네상스

14~16세기 유럽에서 일어난 르네상스 운동은 인본
주의로 돌아가자는 것이 핵심이었다. 4차 산업혁명
과 블록체인 혁명은 인간을 뛰어넘는 기술의 출현
을 예고하고 있다. 이럴수록 인간 중심의 기술 발전
이 이뤄져야 할 필요성이 높아지고 있다. 이를 '테
크 르네상스'로 표현하고자 한다. 다보스포럼에서
는 이런 기술 발전의 지향점에 대한 논의가 뜨겁게
이뤄졌다.

블록체인,
세상을 바꿀 플랫폼

2018년 다보스 핫이슈 블록체인

2018년 다보스포럼은 세계적인 핫이슈로 떠오른 '블록체인'을 집중적으로 다뤘다. 블록체인이 포함된 세션만 수십 개에 달했다. 블록체인Blockchain이란 네트워크 내에서 거래당사자들이 각자 거래 정보를 검증하고 기록·보관하는 시스템으로 공인된 제3자 없이도 거래 신뢰성을 확보할 수 있도록 해주는 기술이다. 이처럼 중앙집권적으로 관리되지 않고 거래 당사자들이 각자 거래정보를 검증하기 때문에 분산원장기술distributed ledger technology, DLC로도 불린다. 거래 내용이 변동되면 거래 참여자 전원에게 공개되고 장부에 반영되기 때문에 해킹의 위험 없이 안전한 거래가 보장된다.

블록체인의 가장 큰 특징은 탈집중화다. 정보를 모으는 서버 없이

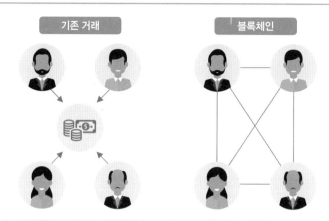

• 기존 거래 vs 블록체인 •

기존 거래

블록체인

거래 유효성을 각자가 검증하고 정상으로 확인되는 블록만이 기존 블록에 연결되는 방식으로, 각각의 블록이 사슬처럼 연결되기 때문에 블록체인이 라는 명칭이 붙었다.

개인 간 거래Peer to Peer, P2P가 기본틀이 된다. 어딘가 한곳에 정보가 모이지 않는다는 것은 거래 당사자가 서버이자 클라이언트가 되는 것으로 중앙집권적인 체제에서 벗어난 분권화를 뜻한다. 포럼에 참석한 리처드 크룩 스코틀랜드왕립은행RBS 신흥기술부문 책임자는 "블록체인은 탈중앙화decentralisation에서 강점이 있다"고 말했다.

거래 방식은 다음과 같다. 누군가 거래 정보를 요청하면 관련 정보가 담긴 블록이 만들어지고 거래에 참여한 모든 당사자에게 전송된다. 거래 당사자들은 거래 유효성을 각자가 검증하고 정상으로 확인되는 블록은 기존 블록에 연결된다. 이처럼 각각의 블록이 사슬처럼 연결되기 때문에 블록체인이라는 명칭이 붙었다.

블록체인이 가져올 변화는 어마어마하다. 미국의 내표 할인점 월마트는 최근 IBM과 공동으로 블록체인 기술을 적용한 식품 이력 추적시스템을 개발·시험하고 있다. 소비자에게 판매하는 데 적합하지 않은, 이상이 있는 식품이 어디서 어떤 경로를 통해 납품됐는지 확인하는 데 전에는 꼬박 일주일이 걸렸다. 그런데 블록체인 기반 시스템에서는 이를 확인하는 데 2.2초면 충분했다. 유통업체의 생명과도 같은 상품 품질관리 측면에서 혁명적 변화가 일어난 것이다.

국내 업체들도 블록체인 기술을 사업에 접목하는 데 적극적이다. SK C&C는 2017년 5월부터 국내외 선사들을 위해 블록체인 물류 서비스를 제공하고 있다. 그룹 계열사 SK텔레콤 사물인터넷IoT 전용망을 활용, 컨테이너 화물 위치 추적과 관리 체제를 구현했다. 블록체인 물류서비스를 활용하면 배에서 내린 화물을 차량에 옮겨 실을 때마다 적재물 내용과 상태를 일일이 확인하고 등록해야 했던 기존 절차를 생략할 수 있어 시간과 비용을 크게 줄일 수 있다.

삼성SDS는 정부와 컨소시엄을 구성, 거래 정보뿐 아니라 온도·습도·진동 등의 정보를 블록체인에 저장하는 솔루션을 개발했다. 이렇게 저장된 정보는 위·변조가 사실상 불가능해 운송과정에서 제품에 문제가 발생하면 책임 소재를 명확히 할 수 있다. 보험사들이 보다 정확하게 해상 보험료를 산정하는 데 커다란 도움을 줄 것이라는 진단이다. 다보스포럼 현장에서는 블록체인을 제2의 ICT 혁명으로 보는

시각도 꽤 많았다. 생산성 향상 및 보안에서 혁명적 변화를 가져올 것
이라는 기대를 한 몸에 받고 있기 때문이다.

블록체인이 만들 새로운 생태계

다보스포럼 참석자들은 앞다투어 세상을 바꿀 블록체인 미래에 대
해 장밋빛 전망을 내놨다. 블록체인발 혁명에 대해 과소평가하는 참
석자를 찾기 힘들 정도였다.

전 세계적인 4차 산업혁명 기술 협력을 위해 세계경제포럼이 샌
프란시스코에 설립한 4차 산업혁명센터Center for the 4th Industrial Revolution,
World Economic Forum 센터장을 맡고 있는 무라트 쇤메즈Murat Sönmez는 블
록체인이 전 세계를 상상할 수 없을 정도로 변혁시킬 것으로 자신했
다. 쇤메즈 센터장은 "20여 년 전 인터넷 파급력이 현재와 같을 것으
로 상상이나 했겠느냐"며 "블록체인은 지난 20여 년간 인터넷이 세
상에 미친 영향보다 더 큰 변혁을 가져올 잠재력을 가지고 있다"며
커다란 기대감을 드러냈다. 블록체인이 글로벌 플랫폼이고 보안성이
강한 데다 무엇보다 정부가 컨트롤하지 않는다는 점에서 잠재력이
크다는 진단이다.

쇤메즈 센터장은 "해킹 가능성이 없어 안전하고 신뢰할 수 있는 블
록체인 관련 기술은 향후 개인 전자 ID카드 등 다방면에 광범위하
게 활용될 것"으로 자신했다. 닐 리머Neill Rimmer 인덱스벤처 공동창업
자는 "지금 블록체인의 현주소는 인터넷 초창기 시대와 엇비슷한 수

준"이라며 "개발자와 기업가들이 블록체인 관련 기술을 탁월한 방향으로 더 발전시켜 나갈 것"으로 내다봤다.

니콜라이 니키포로프Nikolai Nikiforov 러시아 통신부 장관은 "블록체인은 디지털 경제 핵심 기술"이라며 "경제를 더 효과적으로 만들고 삶의 질을 높일 것"이라고 강조했다. 다만 포럼 참석자들은 사업모델을 그대로 두고 기존 기술에서 블록체인으로 넘어가는 것은 무의미할 수 있다고 지적했다. 블록체인 기술에 걸맞는 방향으로 비즈니스 모델을 바꾸는 노력도 동반돼야 한다는 주문이다.

세계경제포럼에서 블록체인 분야를 총괄하는 세일라 웨런Sheila Warren은 "블록체인은 암호화폐를 넘어 새로운 생태계를 창출하는 플랫폼이 될 것"이라며 "IBM 등이 물류 공급망에서 블록체인 기술을 활용한 다양한 시도를 하고 있다"고 말했다. 실제로 UN세계식량계획World Food Program이 개도국에 푸드 스탬프(식량 교환권)를 공급하는 데도 블록체인 인프라를 기본으로 깔고 있다.

웨런 총괄은 블록체인 혁명이 선진국이 아닌 개도국에서 현실화되고 있다고 강조했다. 그는 "블록체인은 일상생활에서 많은 변화를 가져온다"며 "예를 들어 부동산 거래 시 비효율성을 제거하고 부동산 권리관계의 투명성을 강화하기 위해 부동산 등기부에서 블록체인 기술이 확산될 것"이라고 말했다. 또한 "조지아공화국, 온두라스 등에서는 이미 이런 부동산 등기부가 시범 운영되고 있음에 주목하라"고 말했다. 개도국에서는 등기부 원본 분실, 소실 우려가 있지만 이를 블록체인 플랫폼에 담으면 영원불멸한 데이터로 저장이 가능해지는 이

점이 있다. 이런 이점 때문에 선진국이 아닌 개도국에서 오히려 더 적용이 빨라지는 역설적 상황이 전개되고 있는 셈이다. 블록체인 활용을 통해 개도국은 부패방지 효과도 거둘 수 있다. 웨런 총괄은 "부동산 등기부뿐 아니라 운전면허증을 비롯한 신분증도 이렇게 바뀌어갈 것"으로 예상했다.

암호화폐 투자광풍, 김치 프리미엄의 등장

블록체인 인프라를 기반으로 비트코인Bitcoin 등 암호화폐 이슈도 심도 있게 다뤄졌다. 전 세계적으로 암호화폐 신드롬으로 불릴 정도로 비트코인 등 암호화폐 투자광풍이 불어닥치면서 거품붕괴 불안감이 커졌기 때문이다. 국내에서도 김치 프리미엄이라는 조어가 생겨날 정도로 과도한 투자열풍이 거세다.

암호화폐가 무엇인지 알기 위해서는 블록체인을 이해해야 한다. 블록체인은 기존에 거래 당사자들을 연결해주던 중개자가 없어지고 공급자와 소비자가 직접 만나게 되는 시스템을 가능하게 만들어준다. 지금까지는 돈을 빌리려는 수요자와 돈을 빌려주는 공급자를 연결하려면 은행이라는 중개기관이 필요했다. 하지만 블록체인 시스템이 일반화되면 이런 중개업자가 필요 없게 된다. 이 같은 블록체인 인프라를 활용해 비트코인과 같은 암호화폐 거래가 가능해진다.

암호화폐 시초인 비트코인은 2008년 나카모토 사토시(개인 혹은 집단)가 〈비트코인에 관한 논문Bitcoin: A Peer-to-Peer Electronic Cash System〉을 발표

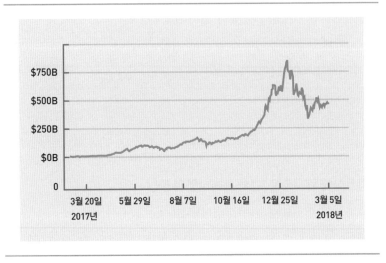

자료: Coinmarketcap

한 뒤 세상에 알려졌다. 암호화폐는 2008년 글로벌 금융위기 이후 기존 금융 시스템과 중앙 집권적 화폐통제 시스템에 대한 불신이 커지는 가운데 탄생했다.

블록체인의 발전 단계를 단순화하면 2009년 탄생한 비트코인을 1세대, 2014년 나온 이더리움Ethereum을 2세대로 볼 수 있다. 비트코인과 이더리움은 암호화폐의 세대를 나눌 만큼 그 기능에 있어 현격한 차이를 보인다. 비트코인 블록에는 거래 내역과 잔고만 저장되지만 이더리움은 거래 내역 외에도 스마트 컨트랙트Smart Contract 코드와 실행 이력도 기록된다. 이더리움은 코드를 저장할 수 있다는 점에서

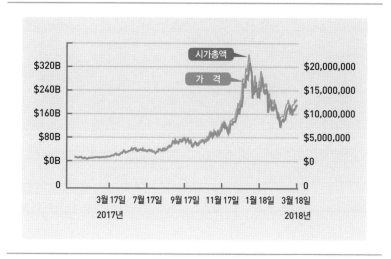

자료: Coinmarketcap

무궁무진한 활용 가능성을 지닌다는 평가를 받는다.

암호화폐 가치가 주목받기 시작하면서 가격이 천정부지로 뛰었고 현재는 수천 개의 유사 암호화폐가 개발되어 시장에서 거래되고 있다.

암호화폐를 얻는 방법은 두 가지다. 먼저 채굴이다. 암호화폐 채굴이란 네트워크상에 존재하는 수많은 암호를 전용 컴퓨터로 해석한 후에 블록체인에 기입하는 행위다. 이를 통해 암호화폐가 발행된다.

두 번째 방법은 암호화폐 거래소를 이용해 채굴된 암호화폐를 거래하는 것이다. 채굴은 암호 해석과 블록체인에 기록하는 과정이 필요하기 때문에 일반 투자자들이 참여하기에는 다소 무리가 있다. 따라

기 업	서비스	코인 수	특 징
두나무	업비트	110개 이상	미 비트렉스와 독점제휴 빗고Bitgo 이중월렛 채택
비티씨 코리아닷컴	빗썸	9	일 거래액 2조 원 규모 오프라인 상담창구 고객서비스센터 운영
코빗	코빗	11	국내 최초 암호화폐거래소
코인원	코인원	6	오프라인 객장 코인원 블록스 개장

자료: Coinmarketcap

서 주식을 매매하는 거래소처럼 암호화폐 거래소가 현재 여러 개 존재하고, 일반 투자자들이 이를 통해 쉽게 암호화폐를 매매할 수 있다.

블록체인을 이용한 암호화폐 장점은 크게 두 가지로 비용 절감과 안전성이다. 오늘날 우리가 일상에서 진행하는 거래에는 대부분 중개인이 개입하고 거래의 신뢰성을 보장받기 위해 이들에게 수수료를 지불한다. 그러나 블록체인 기술이 뒷받침되면 이들의 역할이 불필요해서 수수료 비용을 절감할 수 있게 된다. 금융산업의 일대 혁신과 변화가 예상되는 이유다.

다른 한 가지 장점은 안전성이다. 현재 거래 방식은 중앙화된 데이터 센터에 정보를 저장하는 방식이기 때문에 이곳이 해킹이나 물리적 타격을 받으면 각자가 보유한 자산의 기록이 사라져 혼란이 올 수 있다. 피해 회복을 위한 절차가 마련돼 있다고 해도 어마어마한 비용이 들 수 있다. 블록체인 시스템은 분산화된 저장 방식을 사용하기 때문에 악의를 갖고 접근하는 해커들의 해킹이 이론적으로 불가능하다. 그만큼 각자의 자산도 안전하게 관리할 수 있다.

암호화폐 자체는 기술이 아니다. 암호화폐 거래 기반인 블록체인이 기술이다. 암호화폐는 블록체인 기반 기술을 활용하는 수많은 서비스 중 하나일 뿐이다. 암호화폐와 블록체인을 별개로 보고 대응해야 하는 이유다.

암호화폐의 민낯, 가격거품 논란

다보스포럼 참석자들은 암호화폐를 거래하는 기반 기술인 블록체인 발전 가능성은 무궁무진한 것으로 보았다. 암호화폐 출현에 의미를 부여하면서도 비트코인 등 암호화폐 가격에 커다란 거품이 끼어 있다는 점에는 이견을 보이지 않았다.

투자대상으로서 암호화폐 매력이 부풀려졌다는 진단이다. 암호화폐처럼 거래소를 통해 거래되는 주식을 보자. 주가는 발행기업 내재가치와 성장잠재력을 감안, 주가수익배율PER의 몇 배 수준에서 결정된다. 그런데 암호화폐는 내재가치가 없다. 그 자체로 아무런 가치가 없기 때문이다. 단순히 암호화폐에 얼마나 지불할 의사가 있는지 혹은 얼마에 팔 의사가 있는지에 따라 가격이 결정될 뿐이다.

암호화폐 값이 하루 사이 반 토막이 나기도 하고 수직상승도 하는 등 종잡을 수 없는 랜덤워크random walk를 하는 것은 이 때문이다. 가치 추정 잣대가 부재하다 보니 단순히 누군가가 사줘 가격이 오르면 좋 겠다는 운에 기반한 베팅이 난무한다. 잘 맞아 떨어지면 횡재지만 반 대의 경우, 엄청난 손실을 감수해야 한다. 운에 기대는 것은 투자도 투기도 아닌 베팅일 뿐이다. 암호화폐 시장이 돈 놓고 돈 먹기 식 투 전판 그 이상 그 이하도 아니라는 비판이 비등하는 배경이다.

비트코인, 이더리움 등 암호화폐가 실제 법정화폐 수준의 거래수 단이 될 가능성은 없다. 24시간 손바뀜이 일어나는 암호화폐는 가격 변동폭 제한 자체가 없어 찰나의 순간에도 롤러코스터 타듯 가치가 급변동하는 게 다반사다. 1초 전 100원이었는데 1초 뒤 50원으로 곤 두박질치거나 150원으로 폭등하기도 한다. 수시로 가치가 바뀌는 건 상품·서비스 결제·거래나 회계 기준이 될 수 없다.

혹여 미 연준이나 한국은행BOK이 암호화폐 유통을 결정하더라도 비트코인 등을 활용하는 게 아니다. 그냥 소위 '연준코인'이나 'BOK 코인'이라는 자체 암호화폐를 직접 만들어 사용하면 된다. 코닥이 최 근 암호화폐 '코닥코인'을 발행하기로 했는데 고객 거래편의성 제고 를 위해 필요하다면 기업들도 자체 암호화폐를 만들면 끝이다. 시중 에 이미 나와 있는 비트코인 등을 이용하는 게 아니라는 말이다. 세실 리아 스킹슬리Cecilia Skingsley 스웨덴 중앙은행 부총재도 "사람들은 여 전히 중앙은행에 대한 믿음을 갖고 있다"며 "비트코인이 자산이 될 수는 있지만 결제 수단이 되기는 어렵다"고 잘라 말했다.

자산가격과 비효율적 시장을 다룬 논문으로 2013년 노벨경제학상 을 수상한 로버트 실러Robert Shiller 예일대 교수는 시장의 비이성적 과

로버트 실러 교수(오른쪽 두 번째)는 최근의 암호화폐 광풍은 1640년대 튤립 광풍을 연상시킨다며 이 시장에 대한 분명한 규제가 필요하다고 말했다. ©세계경제포럼

열에 있어서 권위자다. 실러 교수는 암호화폐 세션에서 "비트코인은 흥미로운 실험이지만 우리 삶에서 영구적인 수단으로 활용될 수는 없다"고 강조했다. 그는 "금은 사람들이 투자 수단으로 생각하지 않아도 그 자체로 가치를 지니고 있지만 비트코인은 가치가 전혀 없다"고 경고했다. 그러면서 실러 교수는 "암호화폐 광풍이 1640년대 투기적 수요로 튤립 한 송이 가격이 수천만 원대를 호가했던 튤립광풍을 연상시킨다"며 "튤립 버블은 붕괴됐어도 그래도 우리는 지금도 튤립을 돈 주고 사며 때로는 시장에서 비싸게 거래되기도 하지만 비트코인은 그러한 가치도 없다"고 잘라 말했다. 실러 교수는 "누군가 암호화폐 시장에서 돈을 벌었기 때문에 뛰어들고 있겠지만 거품이기 때

문에 암호화폐 가격은 완전히 붕괴totally collapse될 것"이라며 "암호화폐 시장에 대한 분명한 규제가 필요하다"고 강조했다.

실러 교수뿐만 아니다. 포럼에 참석한 래디언 파트너스의 제니퍼 주 스콧Jennifer Zhu Scott 대표도 "비트코인은 굉장히 강력한 아이디어라는 점에서 가치가 있지만 폭등한 비트코인 가격은 우리를 잘못된 곳으로 인도하고 있다"고 지적했다. 제이미 다이먼Jamie Dimon JP모건체이스 최고경영자CEO는 "비트코인은 사기"라고 평가절하했고 '투자의 귀재'로 불리는 워런 버핏Warren Buffett 버크셔해서웨이 회장은 비트코인 등 암호화폐에 대한 투자가 '나쁜 결말bad ending'을 가져올 것이라고 경고한 바 있다. 암호화폐 가격이 0이 될 수도 있다는 극단적인 경고의 목소리도 적지 않았다.

암호화폐 광풍이 주요국 중앙은행들의 '양적완화' 정책에서 비롯됐다는 분석도 나왔다. 전 세계적으로 유동성이 넘쳐나면서 암호화폐 투자가 이어졌고 이 과정에서 암호화폐 가격이 과도하게 치솟았기 때문에 중앙은행이 통화유동성을 줄이는 긴축모드로 들어가면 암호화폐 시장이 커다란 충격을 받고 거품이 꺼질 것이라는 진단이다.

크리스틴 라가르드Christine Lagarde 국제통화기금IMF 총재는 "암호화폐를 통한 자금 세탁 등은 '파이낸스 테러리즘'과 같기 때문에 용납할수 없다"고 강조했다.

대체보다는 보완, 암호화폐 활용 노력은 계속될 것

비트코인 등 암호화폐가 묻지마 투자 대상이 되면서 거품이 커지고 부작용이 발생하고 있지만 각국이 자체적으로 암호화폐를 발행해 활용하려는 노력은 확산되고 있다. 스웨덴은 'e-크로나'라는 자체 디지털 화폐 발행을 고려하고 있다. 기존화폐를 대체하는 것이 아니라 보완하는 추가적인 결제 수단이 될 것이라는 분석이다. 또 디지털화폐digital currency가 소비자들에게 편의성과 효율성을 가져다 줄 수 있다고 본다.

디지털 분야에서 크게 앞서나가고 있는 에스토니아는 국가 차원의 암호화폐인 '에스트코인estcoin' 발행을 검토하고 있다. 다만 EU회원국인 에스토니아가 실제로 암호화폐를 발행하려면 유럽중앙은행ECB의 암호화폐 발행 금지조치 규제를 넘어서야 한다.

인간을
해킹하는 시대가 온다

데이터를 가진 자가 권력관계를 재편한다

"데이터가 소수에 집중되면 인간은 계급으로 나뉘는 게 아니라 데이터를 소유한 종과 그렇지 못한 종species으로 나뉠 것이다."

세계적 베스트셀러인 《사피엔스》, 《호모데우스》 등을 출간해 세계적인 주목을 받고 있는 역사학자 유발 하라리Yuval Noah Harari 이스라엘 히브리대 교수가 다보스포럼에 참석해 한 말이다. 하라리 교수는 다보스포럼 현장에서 데이터가 몰고 올 권력 재편을 강조했다. 하라리 교수는 "데이터는 오늘날 가장 중요한 자산이기 때문에 데이터를 가진 자가 단순히 인간만 통제하는 것이 아니라 미래 삶 자체를 통제하게 된다"고 강조했다.

하라리 교수에 따르면 고대에는 '땅'이 가장 중요했고 땅이 소수에

유발 하라리 교수는 앞으로 점점 더 생체 정보를 포함해 인간을 해킹할 수 있는 능력을 갖게 될 것이라고 예견했다. ⓒ세계경제포럼

게 집중되자 인간은 귀족과 평민으로 구분됐다. 근대에는 '기계'가 중요해지면서 기계가 소수에게 집중되자 인간은 자본가와 노동자 계급으로 구분됐다. 하지만 4차 산업혁명시대를 맞은 이제는 '데이터'가 또 한 번 인류를 구분하는 기준이 될 것이라는 주장이다. 앞으로 데이터가 소수에 집중되면 단순 계급에 그치는 게 아니라 데이터를 가진 종과 그렇지 못한 종으로 분류될 것이라는 전망이다.

인간의 생체 정보를 해킹하는 시대

하라리 교수는 "데이터를 이야기하면 무엇을 사고, 어디로 가는지 수준의 데이터를 떠올리지만 가장 중요한 데이터는 인간 생체에 관련한 데이터"라며 "데이터가 중요한 것은 데이터를 통해 단순히 컴퓨터를 넘어 인간과 다른 생물을 해킹할 수 있는 수준에 도달할 수 있기 때문"이라고 강조했다. 하라리 교수는 "지금은 은행계좌 해킹 등을 이야기하지만 우리는 점점 더 인간을 해킹할 수 있는 능력을 갖게 될 것"으로 내다봤다. 하라리 교수는 "인간을 해킹하기 위해선 많은 컴퓨팅 파워(컴퓨터 역량)와 생체측정biometric 데이터가 필요한데 머신 러닝과 인공지능AI 발전으로 기계가 생물학 발전, 뇌 과학 발전에 필요한 지식까지 습득하고 있다"고 설명했다.

하라리 교수는 "생물체는 알고리즘(Organisms are algorithms)"이라며 "바이러스든 바나나든 인간이든 생물체는 생체화학적 알고리즘에 따르는데 기술의 엄청난 진보 덕분에 이를 해독하는 법을 알아가고 있다"고 말했다. 하라리 교수는 "정보기술과 생체기술이 합쳐지면 뇌와 몸속 생체 과정을 전기 신호로 바꿔 컴퓨터가 저장하고 분석할 수 있게 된다"며 "생체 정보가 충분히 많고 이를 해석할 수 있을 만큼 강력한 컴퓨터 역량을 갖춘다면 나 자신보다 나를 더 잘 알 수 있는 알고리즘을 만들 수 있다"고 설명했다.

하라리 교수는 "앞으로 데이터 거래에서 가장 중요한 거래는 헬스케어 분야가 될 것"이라며 "앞으로 점점 사람들이 헬스케어 관련 데이터를 받는 대가로 프라이버시를 포기하게 될 것"으로 내다봤다. 더 나은 건강관리를 위해 자신의 건강 데이터에 대한 접근권을 허용하게 될 것이라는 말이다. 이런 데이터 접근권을 포기하면 보험 혜택에서도 불리해질 수 있다고 지적했다.

점점 더 정교하고 작은 형태의 감시

하라리 교수는 "앞으로 새로운 세대는 자동차, 무기가 아니라 몸, 뇌, 마음을 설계하는 법을 배울 것"으로 내다봤다. 그러면서 하라리 교수는 "21세기 인공지능, 머신러닝 등 기술 혁명은 더욱 중앙집권적이고 효율적인 처리 방식으로 가게 될 것"이라며 "민주주의가 이 상황에 적응하지 못하면 인간은 디지털 독재 세상에서 살게 된다"고 경고했다.

그러면서 이스라엘 사례를 들었다. 하라리 교수는 "점점 더 정교하고 작은 형태로 우리를 감시하는 정부를 볼 수 있다"며 "미국이 글로벌 감시 체제를 구축하면서 이스라엘 요르단 강 서안지구에서는 역사상 그 어느 때보다 더 면밀하게 모든 개인 활동과 장소를 감시하는 추세가 나타나고 있다"고 주장했다.

하라리 교수는 "우리는 아직 분수령을 건너지 않았다고 생각한다"고 말했다. 그는 "여전히 소셜미디어 정도를 활용하는 수준이지 몸속을 들여다보는 기술은 없지만 5~10년 후면 그런 기술을 갖게 될 것이다"고 말했다. 하라리 교수는 "데이터를 누가 소유하느냐가 중요하다"며 "규제하지 못하면 거대한 엘리트가 인간과 사회를 통제할 뿐만 아니라 미래 삶의 형태를 규정해버릴 것"이라고 말했다. 그는 "정부가 데이터를 국유화하면 디지털 독재로 이어진다"고 지적했다.

대규모 데이터 통제는 디지털 독재로 이어질 것

하라리 교수는 "데이터를 통제한다면 엘리트들로 하여금 더 급진적인 것을 하게 할 수 있다"며 "미래 삶 자체를 재설계할 수 있다"고 말했다. 그는 "과거 삶과 생물의 규칙은 자연선택 법칙을 따랐지만 이제는 지능적인 디자인에 의해 진화하는 방향으로 변하고 있다"고 분석했다. 그는 "구름 위 신이 지능적 디자인을 가진 것이 아니라 IBM과 마이크로소프트 등이 클라우드상에서 지능적 디자인인 진화를 결정하고 있다"고 말했다.

그는 '디지털 독재'가 극단적으로 갔을 경우 모습을 북한에 대입해 설명했다. 하라리 교수는 "북한에 산다고 가정하면 앞으로 기술 발전으로 몸 안에서 무슨 일이 일어나는지 감시할 수 있는 팔찌를 차게 될 수 있다"고 말했다. 그는 "방에 들어가서 신성한 리더(김정은)의 사진을 봤을 때 팔찌는 뇌의 활동과 혈압 정도를 알 수 있을 것"이라며 "이것이 바로 '디지털 독재'"라고 말했다.

그는 본인의 성정체성 인지 과정을 소개하며, 이런 작업도 인간이 아닌 기계에 의해 이뤄질 가능성을 시사했다. 하라리 교수가 이런 개인적인 성장과정을 공개적인 자리에서 이야기하자 참석자들은 더욱 큰 관심을 표시했다. 하라리 교수는 "인간은 자신을 잘 모른다"며 "내가 21살이었을 때 나는 몇 년 동안의 부정 끝에 내가 동성애자라는 걸 깨달았다"고 말했다.

그는 "10~20년 후에 알고리즘이 10대 청소년들을 대상으로 동성애자, 이성애자 스펙트럼에서 어느 위치에 있는지 알려주는 미래를 상상해보라"며 "그런 알고리즘 사용을 꺼릴 수 있지만 피하기 어려울 것"이라고 말했다. 그는 "앞으로 상품을 팔 때 성적 취향에 따라 마케팅 방법도 달라진다"며 "당신도 모르는 사이에 파악된 정보는 수십 억 달러 가치가 부여될 것"이라고 말했다. 그는 "알고리즘이 나를 더 잘 이해하면, 내 욕망을 예상하고 감정을 조절하며, 나 대신 결정할 수 있다"며 "하지만 조심하지 않으면 디지털 독재가 나타나게 될 것"이라고 말했다.

지금 이 순간
구글 CEO는…

기존의 판을 바꾸는 게임체인저, AI의 기세

다보스포럼은 극소수의 혁신적 기업가에게만 단독 세션을 허락하는 것으로 유명하다. 누군가 홀로 강연 무대를 밟는다고 하면 그 자체로 그의 가치와 영향력이 증명됐다는 뜻이다. 2017년 이 기회를 얻었던 기업가는 다름 아닌 마윈Jack Ma알리바바 회장이다. 마윈 알리바바 회장은 중국에서 온라인상거래 제국을 이루고 해당 분야 동급 최강 아마존을 위협할 수 있는 존재로 성장했다.

2018년 다보스포럼 간택(?)을 받은 혁신가는 딱 두 명이다. 류창둥 징둥닷컴JD.com 회장과 순다르 피차이Sundar Pichai 구글 CEO(최고경영자)다.

피차이 CEO는 AI(인공지능)에 집중했다. 피차이 CEO는 AI 개발과

슈바프 회장이 빅데이터를 활용한 AI의 위험성을
지적하자 피차이 CEO는 "AI는 인류가 개발한 것
중 가장 중요한 것"이라며 긍정적 측면에 초점을
맞춰 반박했다. ⓒ매일경제

활용이 인류에 갖는 의미를 설명하면서 악용을 막는 게 중요하다고
강조했다.

피차이 CEO세션 사회를 맡은 클라우스 슈바프Klaus Schwab 세계경제
포럼 회장은 AI를 '게임 체인저game changer'로 규정하고 대량살상무기
에 비유했다. 게임 체인저는 판을 크게 흔들어 기존 흐름이나 결과를
바꾸는 요소, 사건, 일 등을 말한다. 슈바프 회장은 "빅데이터를 활용
한 AI가 불평등을 악화시키고 민주주의를 위협할 수 있다"고 지적했
다. 피차이 CEO는 "AI는 인류가 개발한 것 중 가장 중요한 것"이라며
긍정적 측면에 초점을 맞춰 반박했다. 피차이 CEO는 "(천연)자원에는
한계가 있지만 AI를 활용함으로써 그 한계에서 벗어날 가능성이 나

타나기 시작했다"며 "AI를 이용해 (사람이 직접 가르치는 것보다) 효율적으로 교육시킬 수 있고 깨끗하고 값싼 신재생에너지 생산도 가능하게 할 것"이리고 말했다.

"AI를 이용한 전체주의 국가가 등장하는 것을 막을 방법이 있느냐"는 질문에 피차이 CEO는 '다각적 국제공조'가 해법이라고 답했다. 피차이 CEO는 "G7(주요 7개국), G20(주요 20개국) 차원에서 토론이 이뤄져야 한다"며 "AI가 군사 목적으로 이용되는 것을 막아야 하고 이는 모든 국가의 공통된 책무"라고 강조했다.

뜨거운 감자 구글세, 어떻게 과세할 것인가?

흔히 '구글세'로 불리는 다국적 기업에 대한 과세와 망중립성, 증오·혐오 발언hate speech 등 업계 현안에 대해서도 의견을 냈다. 피차이 CEO는 "국제사회가 동의하는 수준이라면 구글은 얼마든지 세금을 더 낼 용의가 있다(We are happy to pay a higher amount)"고 밝혔다. 피차이 CEO는 "중요한 것은 절대적인 과세 규모보다는 납부한 세금이 여러 국가에 어떻게 나뉘어 귀속될 것인가"라고 했다. 그러면서 피차이 CEO는 현 국제조세 체계에 허점이 있다고 지적했다. 피차이 CEO는 "오늘날 (구글 등 다국적 기업이 내는) 세금은 R&D(연구개발) 투자에 근거해 부과되는 것"이라며 "프랑스와 다른 유럽 지역에서 더 많은 개발자들을 고용할 것이고 어디서 부가가치를 창출하느냐를 반영해 구글이 내는 세금을 정상화시킬 것"이라고 설명했다.

구글뿐 아니라 사실상 모든 기업들이 유리한 법인세 등 사업 환경을 찾아 돌아다닌다. 구글은 시장 지배적 사업자로서 거둬들이는 수익이 막대해 유럽은 과세방안을 찾고 있다. EU(유럽연합)는 "구글과 페이스북의 조세 회피로 2013~2015년 사이에만 54억 유로(한화 약 7조 1,500억 원)의 세수를 잃었다"는 추정 보고서를 작성한 바 있다. 로이터 통신에 따르면 해당 보고서는 구글이 법인세율이 낮은 아일랜드에 유럽지사를 설립하고 EU 내에서는 매출의 0.82%, EU 밖에서는 최대 9%의 세금을 내고 있다고 분석했다. 페이스북도 마찬가지로 EU 밖에서는 매출의 28~34%까지 세금을 내지만 EU 안에서는 0.03~0.1%의 세금만 납부하는 것으로 추정했다.

구글세는 한국에서도 뜨거운 감자다. 구글은 모바일 애플리케이션 결제 플랫폼 '구글 플레이'를 통해 한국에서만 2조 원 이상의 매출을 올리는 것으로 추정되지만 과세당국은 한 푼의 세금도 매기지 못해 논란이 되고 있다.

유럽처럼 구글 플레이의 한국 거래 실적이 구글 한국법인인 구글 코리아 것으로 잡히지 않고 있는 게 문제다. 구글이 법인세율이 현저하게 낮은 조세 회피처 등에 법인을 세우고 이곳에서 이익이 발생한 것으로 회계 처리하면서 한국도 '세금 쇼핑'을 당하고 있다는 지적이다.

피차이 CEO는 국제 규범 차원의 조세 체계 재정비를 희망했다. 피차이 CEO는 "OECD(경제협력개발기구)가 이 문제를 해결해 주길 권한다"며 "이러면 다국적 기업들이 사업하기가 훨씬 수월할 것"이라고 말했다.

망중립성 원칙, 어떻게 지켜야 하는가?

미국 트럼프 정부가 전임 오바마 정부에서 확립한 '망중립성net neutrality 원칙'을 폐기하기로 결정한 데 대해서는 반대 의견을 명확히 했다. 피차이 CEO는 "망중립성은 중요한 원칙이고 지켜져야 한다"고 했다.

망중립성이란 통신사업자가 인터넷으로 전송되는 데이터 트래픽을 내용, 형식, 제공사업자, 이용 단말기 등에 관계없이 차별·차단하지 못하게 하는 원칙이다. 사업자나 이용자 모두에게 이 원칙은 중요하다. 어떤 서비스든 접근과 이용 속도에서 차별 없이 제공할 수 있고, 즐길 수 있다는 의미이기 때문이다.

단 서비스가 흘러 다니는 놀이터인 '네트워크(망)'를 설치·운영하는 주체, 즉 통신사업자들의 사업 영역이나 이해관계가 타 사업자들과 충돌할 때는 상황이 달라진다. SK텔레콤이 실시간 영상물 제공 사업을 벌인다고 가정해 보자. 이때 최대 경쟁자는 넷플릭스가 된다. 실시간 영상물 제공은 많은 트래픽을 발생시키고 이는 네트워크를 직접 깔고 유지·관리하는 SK텔레콤에는 큰 부담으로 작용한다. 망중립성이 지켜질 때는 아무리 통신사업자가 유사 서비스를 제공한다 해도 넷플릭스를 차별할 수 없다. 그러나 이 원칙이 깨지면 SK텔레콤은 자사 서비스에 대한 속도와 접근성을 높일 수 있다. 반면 자사 망을 이용하는 사용자들이 넷플릭스를 접속하고 이용하려고 할 때는 더 느린 속도로 제한을 둠으로써 불편 아닌 불편을 야기할 수 있다. 결국 불편을 이기지 못한 소비자들은 넷플릭스에서 SK텔레콤이 제공하는

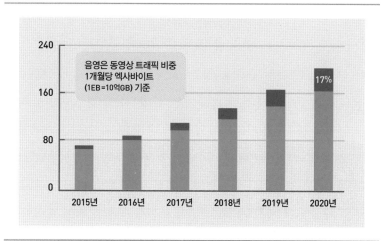

• 급증하는 인터넷 트래픽 •

음영은 동영상 트래픽 비중
1개월당 엑사바이트
(1EB=10억GB) 기준

240
160
80
0

2015년 2016년 2017년 2018년 2019년 2020년

17%

자료: 시스코

서비스로 이동할 가능성이 생긴다. 그러면 전체적인 시장 점유율에 변동이 생기고 그에 따라 시장 전체적인 지각변동이 일어난다.

통신사는 데이터 트래픽을 크게 유발하는 서비스들에 대한 요금제를 별도로 설계할 수도 있다. 넷플릭스를 여전히 이용하고 싶은 사용자들에게는 더 비싼 요금을 받고 빠른 속도를 제공하는 식이다. 이는 경제적 차별로까지 상황이 악화되는 결과를 만든다. 사회 전체적인 소비자 편익 내지는 효용이 감소하는 것이다.

망중립성 폐지는 결국 통신사업자들의 이익을 대변하는 셈이다. 이는 사회·경제적 차별과 불평등의 문제로 확장되는 현안이라 쉽사리 논란이 정리되지 않는다.

증오·혐오 발언에 대한 검열도 도마에 올랐다. 특정기업이 디지털 플랫폼상의 증오·혐오 콘텐츠를 검열할 권리가 있느냐는 질문에 피차이 CEO는 "직질치 않다"며 "표현의 자유를 보장해야 힌다"고 답했다. 피차이 CEO는 "NGO(비정부기구)와 함께 토론하면서 극단주의적 콘텐츠 검열에 대해 큰 성과를 거뒀다"며 "증오·혐오 발언도 하나의 기업이 다룰 수 없는 문제이고, 이에 대해 EU와 협의를 계속하고 있다"고 했다. 피차이 CEO는 "중요한 것은 글로벌 프레임워크"라며 "파리기후변화협정이나 다보스포럼처럼 난제에 대해 힘을 합쳐 고민하는 기회가 더 필요하다"고 했다. 트럼프 정부는 전임 오바마 정부가 적극적이었던 파리기후변화협정을 탈퇴하겠다고 선언한 바 있다. 피차이 CEO는 이 같은 발언으로 우회적으로 트럼프 정부를 비판한 셈이다.

구글을 성공으로 이끈 순다르 피차이 CEO

순다르 피차이(인도명 Pichai Sundararajan) 구글 CEO는 한마디로 구글이 지금의 성공가도를 구가할 수 있도록 밑그림을 그린 기획자이자 이를 실천하고 수익으로 연결시킨 실행자라고 볼 수 있다.

그는 1972년 7월 12일 인도 마두라이 태생으로 지금은 미국 국적이다. 유년 시절의 대부분은 인도 첸나이에서 보냈고, 인도 최고의 명문대 인도공과대학Indian Institute of Technology 카라그푸르Kharagpur 캠퍼스에서 야금공학을 전공했다. 야금이란 원석에서 금속을 뽑아내 목적에 맞

순다르 피차이 CEO는 '구글세' 논란과 관련해 망중립성 원칙과 표현의 자유는 지켜져야 하며 구글이 기꺼이 더 많은 세금을 낼 용의가 있다고 말했다. ©세계경제포럼

게 가공하는 기술이다. 컴퓨터공학이나 전자공학도들이 주류를 이룰 것 같은 구글 같은 기업과는 거리가 멀게 느껴지는데, 그가 대학을 다닐 당시에는 이 분야가 인도에서 유망했다고 한다. 실제 피차이는 대학에 가서야 컴퓨터를 접했고, 그가 12살이 되기 전까지는 집에 전화기도 없었다고 한다.

어려서부터 천재적인 암기력을 뽐냈던 그는 1993년 인도에서 우수한 성적으로 학부를 마친 뒤 미국 스탠포드대로 유학길에 오른다. 영국계 기업의 전기 기술자였던 아버지의 1년치 연봉보다 많은 장학금을 받고 다니면서 재료공학 분야에서 석사학위를 취득한다. 어플라이드 머터리얼즈에 입사해 엔지니어(기술자)의 삶을 시작한다. 2002년 세계 최고의 경영대학원인 펜실베니아대 와튼스쿨에서 MBA(경영학 석사)를 따고는 세계 3대 전략컨설팅업체 가운데 하나인 맥킨지에 들어가 컨설턴트로 일한다.

그는 2004년 구글로 자리를 옮긴다. 그가 구글의 면접을 본 날은 4월 1일이다. 이날은 만우절이면서 구글이 당시로서는 파격적인 계정당 1GB의 용량을 제공하는 지메일Gmail 서비스를 시작한 날이기도 했다. 피차이는 구글이 만우절 맞이 거짓말을 한다고 여겼다고 한다. 그때까지만 해도 공짜 이메일 용량은 10~20MB가 일반적이었던 까닭에 1GB라는 용량은 파격 그 이상이었다. 15년 가까이 흐른 지금 지메일은 계정당 15GB까지 공짜로 제공한다.

구글에 입사한 피차이가 가장 먼저 한 일은 구글 툴바를 지켜내는 것이었다. 최대 시장점유율을 보유하던 MS(마이크로소프트) IE(인터넷 익스플로러)가 검색 엔진으로 더 이상 구글을 활용하지 않고 자사가 개발한 '빙Bing'을 채택했기 때문이다. 구글 입장에서는 사업 전략에 심대한 차질이 생긴 것이었고 결국 검색시장 점유율도 다소 낮아졌다.

하지만 이는 결과적으로 구글에게 더 큰 기회가 됐다. 피차이는 MS IE에 맞서는 구글만의 웹브라우저를 개발하자고 경영진을 설득했고, 2008년 구글 크롬을 탄생시켰다. 크롬은 MS IE의 단점을 보완하고, 모든 면에서 MS와 반대의 전략으로 소비자에게 다가갔다. 빠르고 가볍고, 개발자들에게도 열려 있고, 정기적이면서도 자주 결함을 수정하고 보완함으로써 최대한 사용자 친화적으로 나아갔다. MS는 새 윈

도우 OS(운영체제) 개발·발표와 연동해 IE의 새 버전을 내놓았기 때문에 구글 크롬보다 변화하는 사용자 환경 대응이 느렸다.

크롬은 탄생 4년 만인 2012년 트래픽 기준으로 점유율 1위, 8년 만인 2016년 사용자 수 기준 점유율 1위를 달성했다. 시장점유율 90%를 넘기며 네스케이프, 파이어폭스도 무너뜨리지 못했던 MS IE의 아성을 구글 크롬이 깨뜨린 것이다. 현재 크롬은 두 개 기준 모두에서 과반을 달성한 압도적인 시장 지배적 서비스가 되어 있다.

구글이 모바일 시대에도 선도적 사업자 역할을 놓치지 않았던 이유는 애플의 iOS에 대적하는 안드로이드가 있었기 때문이다. 안드로이드의 아버지 앤디 루빈Andy Rubin의 역할이 지대했다. 하지만 루빈은 자존심이 강한 탓에 구글 내부에서 서로 다른 팀이 같은 목적의 서비스를 개발하는 등의 마찰을 일으켰다.

결국 2013년 래리 페이지Larry Page, 세르게이 브린Sergey Brin 등 구글의 창업주이자 최고경영진들은 피차이에게 루빈의 사업마저 넘겨줬고, 루빈은 2014년 구글을 떠났다. 피차이는 안드로이드 사업부를 구글 전체적인 사업과 완전히 동기화시켰다. 크롬과 안드로이드의 화학적 결합을 이끌어 내고 구글만의 견고한 생태계를 창조하는 작업을 진두지휘했다. 그의 연봉은 2016년 기준으로 2억 달러에 이르고, 재산도 2017년 기준으로 12억 달러에 달하는 것으로 추정된다.

알리바바
아성 넘보는 징둥닷컴

4대 전자상거래 플랫폼 대열에 합류한 중국의 신성

한국인 중 중국 알리바바Alibaba와 알리바바 창업주 마윈Jack Ma을 모르는 사람은 거의 없다. 이미 알리바바는 중국 1위 기업을 넘어 아마존, 구글을 넘보는 세계 최고의 인터넷 기업으로 성장했다. 하지만 이런 알리바바의 아성을 넘보는 중국의 신성 '징둥닷컴JD.com'은 아직 우리에게 많이 알려지지 않았다.

2017년 2분기 기준으로 중국 B2C 온라인 전자상거래 시장을 살펴보면 알리바바 티몰Tmall이 51.3%, 징둥닷컴은 32.9% 시장점유율을 기록했다. 지난 2014년만 하더라도 징둥닷컴 시장점유율이 17.7%였던 것을 감안하면 알리바바와의 격차가 상당 폭 줄어든 셈이다. 징둥닷컴 매출을 봐도 폭발적인 성장세를 확인할 수 있다. 2017년 들

징둥닷컴은 아직 우리에게 익숙하지 않지만 2017년 중국 B2C 온라인 전자상거래 시장에서 32.9%의 시장 점유율을 기록했다. ©징둥닷컴 홈페이지

어 2분기까지 징둥닷컴이 기록한 매출은 932억 위안(15조 9,000억 원)으로 전년 동기 대비 43.6% 급증했다. 중국판 블랙 프라이데이인 광군제光棍節(11월 11일)에는 단 하루 동안 190억 달러 매출을 올렸다. 전년 대비 50% 이상 큰 폭 늘어난 수치이다.

다보스포럼은 이처럼 급성장한 징둥닷컴을 주목했다. 다보스포럼을 찾은 류창둥Liu Qiangdong 징둥닷컴 회장은 "중국 1위를 넘어 세계 1위가 되는 날이 10년 안에 올 것이라 믿는다"고 자신감을 보였다. 중국 2위이자 알리바바, 아마존, 이베이와 함께 세계 4대 온라인 전자상

47

거래 플랫폼 대열에 올랐지만 아직 만족할 수 없다는 결기를 보였다.

세계 1위 야망 달성을 위해 류 회장은 5년 내에 알리바바 티몰을 따라잡는 것을 최우선 목표로 설정했다. 후발주자로 출발한 징둥닷컴이 어떻게 알리바바 아성을 위협하는 전자상거래 플랫폼으로 성장할 수 있었을까? 크게 세 가지 요소를 징둥닷컴 성공 원인으로 꼽는다.

징둥닷컴 성공요인 1. 품질 관리

첫째, 상품 품질 관리다. 징둥닷컴과 알리바바 비즈니스 모델엔 근본적인 차이가 있다. 알리바바는 직접 상품을 판매하는 것이 아니라 상품 판매자들이 소비자들을 만날 수 있는 플랫폼을 업체에 제공한다. 이 같은 비즈니스 모델에 대해 2017년 다보스포럼에 참석했던 마윈 회장은 "아마존과 알리바바의 차이는 아마존이 더 제국처럼 군림한다는 것"이라며 "아마존은 모든 것을 스스로 사고팔며 통제하려고 하지만 알리바바 철학은 플랫폼에 들어오는 기업들을 위한 생태계를 제공해주자는 것"이라고 강조했다. 플랫폼에 입점한 기업들이 소비자들에게 물건을 판매할 수 있도록 최선의 기술적 서비스를 제공하고 기업들이 더 성장할 수 있도록 도움을 주는 게 알리바바의 비즈니스 철학이라는 설명이다.

반면 징둥닷컴은 자신들의 쇼핑몰에서 사고팔 상품을 직접 구매해 일정한 마진을 붙여 재판매하는 방식을 채택하고 있다. 가짜 상품이 범람하는 중국에서 온라인 상품 신뢰성은 제품구매를 고려할 때 중요한 변수가 된다. 알리바바와 같은 플랫폼 운영 방식은 다양한 상품을 플랫폼 내에 구성할 수는 있지만 제품 품질을 보장하지 못한다는 단점이 있다. 반면 징둥닷컴은 자신들이 직접 구매해 소비자에게 판매하기 때문에 소비자 신뢰를 확보할 수 있다.

징둥닷컴 성공요인 2. 물류 시스템

징둥닷컴의 두 번째 경쟁력은 물류 시스템에서 나온다. 징둥닷컴은 창업 초기부터 중국 전자상거래 영역에서 가장 큰 물류 인프라 구축에 나섰다. 2017년 기준 징둥닷컴은 260여 개의 대형 창고와 6,700여 곳의 배송 및 수신 지점, 9개의 스마트 물류 센터를 보유하고 있다.

일찌감치 물류 중요성을 간파한 징둥닷컴은 2016년 '징둥물류'를 새롭게 출범시켜 자신들이 구축한 직접물류 서비스를 하나의 브랜드로 만들었다. 징둥물류의 저장, 배송, 택배 등의 시스템은 징둥 온라인 판매자들에게 개방했고 징둥닷컴을 이용하지 않는 기업들도 징둥물류를 이용할 수 있도록 허용했다.

류 회장은 다보스포럼에서 "워싱턴까지 상품을 배송하는 데 10~15일, 중국 내에서는 6시간이 걸린다. 만약 고객이 오전 11시에 주문하면 오후 5시 전에, 오후 5시 전에 주문하면 저녁 10시까지 물건을 받을 수 있다"고 자신했다.

징둥닷컴은 "현재 확보된 물류 창고를 기반으로 우리 온라인 플랫폼에서 주문한 상품의 85%를 당일에 수령받을 수 있다"며 "중국 쇼핑 산업에서 징둥닷컴을 제외하면 이러한 시스템을 확보한 기업은 없다"고 주장했다.

무서운 기세로 성장하고 있는 징둥닷컴은 기존 물류 경쟁력에 신기술을 더해 배송 업계에 새로운 표준을 제시하려 하고 있다. 지난 2016년 6월 징둥은 류 회장 고향인 중국 장쑤성에서 처음으로 드론을 이용해 5km 떨어진 곳에 상품을 배송하는 데 성공, 중국 최초 드론 전자상거래 배송기록을 세운 바 있다. 미국 IT전문매체 레코드 Record에 따르면 현재 징둥닷컴은 1t 무게의 대용량 적재가 가능한 드론을 개발해 테스트를 실시한 것으로 알려졌다. 징둥닷컴은 앞으로 3년 내에 150대의 드론을 개발해 외지에 거주하는 수백만 잠재 고객에게 상품을 배송하는 서비스를 제공할 방침이다.

징둥닷컴 성공요인 3. 협력과 파트너십

징둥닷컴의 세 번째 경쟁력은 중국의 '국민 메신저' 위챗微信, We Chat과 큐큐QQ운영사 텐센트Tencent와의 협력에서 나온다. 징둥닷컴이 주식시장에 상장IPO하기 전인 2014년 텐센트는 징둥닷컴 지분 15%를 사들였다. 이후 꾸준히 지분 투자를 진행, 2016년 8월엔 징둥닷컴 1대 주주가 됐다.

중국 카카오톡인 위챗 이용자 수는 2017년 기준 9억 명에 육박하는 것으로 알려졌다. 아직 알리바바에 비해 고객 수가 적은 징둥닷컴 입장에서 위챗 이용자들은 거대한 잠재고객이다. 실제로 징둥닷컴이 텐센트와의 협력을 통해 모바일 채널을 확보함에 따라 징둥닷컴 상품을 모바일로 구매하는 비중이 2015년 40%대에서 2017년 70%를 넘어섰다. 신규 고객 중 25% 정도는 위챗을 통해 상품을 구매한다.

또 징둥닷컴은 2017년 중국 최대 검색 사이트인 바이두Baidu와 전략 파트너십을 맺고 빅데이터와 AI 기술을 이용한 효과적인 온라인 전자상거래 시장 구축에 나서기로 합의했다. 이 협업을 통해 징둥닷컴은 빅데이터를 활용, 마케팅 비용을 절감하는 한편 바이두 플랫폼을 이용해 더 많은 고객을 확보할 계획이다.

IT 붐을 타고 자수성가한 중국의 기업인

중국엔 정보통신 기술IT붐을 타고 창업에 나서 부를 일군 자수성가형 기업인들이 많다. 취직 시험에 여러 차례 낙방하고 영어 교사로 일하다가 글로벌 1위 전자상거래 플랫폼을 일궈낸 알리바바 마윈 회장을 비롯해 통신회사 직원으로 어렵게 생활하다 중국 최대 메신저 회사를 차린 마화텅Ma Huateng 텐센트 회장, 농사꾼 아들이었던 리옌훙 Robin Li 바이두 회장 등이 대표적인 인물들이다. 징둥닷컴 류창둥 회장도 이런 자수성가형 사업가 대열에서 빼놓을 수 없는 입지전적인 인물이다.

류 회장은 베이징 인민대에 다니던 시절 식당을 개업했다가 처음 실패를 맛보았다. 류 회장은 당시 실패 이유로 학교에 다니느라 사업을 관리할 시간이 없었던 것을 꼽았다. 대학을 졸업하고 일본 회사에

류창동 회장은 징둥닷컴이 알리바바를 제치고 중국 최대, 나아가 전 세계 1위 온라인 상거래 기업이 될 날이 10년 안에 올 것으로 믿는다고 말했다. ⓒ세계경제포럼

서 일하며 2년 동안 사업실패로 진 빚을 갚은 류 회장은 자본금 1만 2,000위안(210만 원)으로 컴퓨터 부품판매회사 '징둥공사'를 창업했다. 류 회장이 사업을 시작하게 된 계기는 두 가지다. 첫째는 가족과 관련된 것이다. 넉넉지 않은 집안에서 태어난 류 회장은 당시 편찮은 할머니 약값을 지불하기 위해 사업을 택했다. 둘째 이유는 사업 외 다른 선택지가 마음에 들지 않았다는 점이다. 당시 대다수 중국 대학생들은 정부 관료가 되거나 해외 유학을 떠나는 것을 택했다. 그러나 류 회장은 관료나 유학 모두 탐탁지 않았고 그래서 사업을 시작하기로

마음먹었다.

부품 판매 사업은 날로 번창해 지점을 12개까지 늘렸다. 류 회장 사업이 급성장세에 들어선 것은 2002년 중국에 불어 닥친 사스SARS(중증 급성 호흡기 증후군) 덕분(?)이었다. 사스는 바이러스에 감염된 사람과의 접촉으로 전염되는 질병이었기 때문에 당시 중국인들은 외출을 꺼렸다. 오프라인 매장에 손님이 줄어드는 것을 보고 위기의식을 느낀 류 회장은 당시 갖고 있던 12개 판매 지점을 모두 처분하고 온라인으로 물건을 팔기 시작했다. 류 회장은 "사스가 아니었다면 전자상거래 시장에 진출하지 못했을 것"이라고 회고하기도 했다. 온라인 방식으로의 사업 전환은 대성공을 거뒀고 2005년 온라인 매출이 1,200만 달러에 달할 정도로 급성장했다.

류 회장은 징둥닷컴이 중국 소비자들의 신뢰를 얻을 수 있었던 비결에 대해 품질을 중요시한 결과라고 답했다. 물류망, 애프터서비스, 거래시스템, 배송서비스를 구축하는 데 오랜 시간이 걸렸고 소비자 신뢰를 얻는데 6년이란 시간이 걸렸다고 밝히기도 했다.

류 회장은 많은 재산을 가진 것에 대한 책임감에 대해서도 언급했다. 그는 자신이 가진 부를 활용해 더 가치 있는 일을 해내야 한다고 생각한다. 중국 젊은이들에게 뭔가를 열심히 하면 성공할 수 있다는 점도 알려주고 싶다는 것이다. 류 회장은 이를 위해 65세 전에는 은퇴하지 않을 것이라고 다보스포럼 현장에서 밝혔다.

스마트한 규제
환영하는 공룡 IT 기업

/

규제라면 진저리칠 것 같은 그들이 진짜 원하는 것

"기술 산업tech industry은 지금까지 규제에서 자유로웠다. 하지만 점점 더 많은 규제신호가 잡히고 있다. 기술 산업도 다른 산업과 마찬가지로 모든 과정에서 사용자들에게 설명하는 대로 이행되고 있는지 검증받아야 한다."

"규제 당국이 역할을 할 수 있는 분야는 의무와 책임accountability이다. 책임과 의무에 대해 당국은 가혹해져야 한다."

2018년 다보스포럼 현장에서 규제라면 진저리치며 "완화해야 한다"는 목소리를 낼 것 같은 정보통신기술ICT 분야 공룡 기업들이 오히려 규제 당국 편을 드는 모습이 연출됐다. 다보스포럼에 참석한 마크 베니오프Marc Benioff 세일스포스 CEO(최고경영자)와 다라 코스로샤

다라 코스로샤히 우버 CEO는 규제 당국이 경영
자의 책무에 대해 더 엄격해져야 한다고 말했다.
ⓒ세계경제포럼

히Dara Khosrowshahi 우버Uber CEO는 '기술 속 신뢰(In Technology We Trust)?'
세션의 연사로 나서 이처럼 말했다.

'누구를 믿을 수 있습니까' 신뢰가 우선이다

이들이 언급한 규제는 첨단 기술 발전을 가로막는 눈엣가시 같은
종류는 아니다. 대신 기업 활동을 하면서 소비자나 사용자들의 신뢰
를 저버리는 행태를 방지하고 신뢰를 깨트렸을 때 경영진에게 지우
는 책임 규제를 의미한다.

베니오프 CEO는 "종종 어떤 문제가 발생했을 때 CEO들은 '나는
몰랐다'며 발뺌하기 때문에 규제가 중요하다"며 "모든 CEO는 신뢰
를 가장 중요하게 여겨야 하고 다른 어떤 것을 신뢰보다 우선한다면

곤경에 빠지게 된다"고 경고했다.

《누구를 믿을 수 있습니까(Who Can You Trust)》라는 책의 저자 레이첼 보츠먼Rachel Botsman 옥스퍼드대 교수는 규제 당국이 과거 관행에 머물러 변화를 따라가지 못하기 때문에 어려움을 겪고 있다고 진단했다. 보츠먼 교수는 "당국은 의무감을 갖고 책임을 져야 하는 이가 누구인지 찾지만 수백만, 수십억 명의 사용자 자체가 본질적인 서비스이고 제품인 요즘 같은 때에는 이런 접근 방식이 문제가 된다"며 "전통적인 방식에 맞춰진 규제로는 이런 변화된 상황을 따라갈 수 없다"고 지적했다.

코스로샤히 CEO는 언론 역할에 기대를 걸기도 했다. 우버 기사의 승객 성폭행·살인, 성차별적 기업 문화 등 우버가 곤혹을 치른 일련의 추문은 모두 언론 보도로 시작됐다. 코스로샤히 CEO는 "고통스러웠지만 '바뀌어야 한다'는 자각을 통해 미래로 나갈 올바른 변화를 만들었다"며 "언론이 규제 관련 문제에서 하나의 해법이 될 수 있을 것"이라고 말했다.

규제가 전부는 아니다, AI는 4차 산업혁명의 엔진

다보스포럼에서는 기술 발전 자체에 대한 걱정과 우려, 바람직한 발전 방향에 대한 논의도 다양하게 이뤄졌다. 중국판 구글 '바이두'의 장야친 총재는 기술 발전의 긍정적인 면을 강조했다. 장야친 총재는 "AI가 4차 산업혁명 엔진이라고 본다"며 "AI는 더욱 질 높은 직업을

율리히 스피스호퍼 ABB CEO는 불안이 끼어들어 미래로 가는 길이 엉뚱한 방향으로 흘러가는 걸 막아야
한다고 했다. ⓒ세계경제포럼

양산할 것"이라고 주장했다. 그러면서 바이두 사례를 들었다. 바이두
는 AI를 이용한 얼굴인식 등 기존에 없던 새로운 직업을 만들었다고
한다. 단순 육체 노동보다 훨씬 더 나은 직업적 안정성과 대우 등을
보장한다는 점에서 질적으로 낫다는 설명도 덧붙였다.

기술 발전은 중국의 상거래 유형에도 변화를 가져왔다. 중국은 오
랜 세월 노점상들이 많았다. 최근에는 이들이 노점을 닫고 타오바오
로 옮겨 더 큰 이익을 창출한다고 한다. 타오바오는 중국 온라인상거
래 공룡 알리바바가 운영하는 오픈 마켓으로 한국 옥션과 유사하다

고 생각하면 된다.

스위스·스웨덴계 대표기술기업 ABB의 울리히 스피스호퍼Ulrich Spiesshofer CEO는 "불안이 끼어들어 미래로 가는 길이 엉뚱한 방향으로 흘러가는 걸 막아야 한다"며 "고용 형태는 달라지겠지만 기술을 적극적으로 이용한다면 더 나은 세상이 될 것이라는 점을 설득해야 한다"고 동조했다.

4차 산업혁명 시대의 교육의 중요성도 강조했다. ABB는 직원들의 직업 재교육·재훈련에 1인당 3만 5,000달러를 투자했다고 한다. 어떤 분야에서 얼마나 성과를 거둘 수 있을지가 관건이었는데 기대 이상으로 많은 분야에서 재교육·재훈련을 받은 인력을 배치해 활용할 수 있었다. 스피스호퍼 CEO는 "평생 교육은 학교에 가서 앉아 있는 게 아니다"며 "4차 산업혁명은 모든 직업에 영향을 끼치고 어떤 혁명보다 빠르게 진행되고 있기 때문에 (재교육·재훈련을 통한) 인력 재배치로 추가 수요를 창출하고 고용을 일정 수준까지 유지해야 한다"고 주문했다.

하늘에 열리는
자동차 도로

/

도로가 없는 르완다에 드론이 날다

출산 후 혈액 공급만 잘 하면 살릴 수 있는 산모가 죽는 곳. 의료품을 전달해야 하지만 도로가 없는 곳. 공항이 없어 비행기 접근은 더욱 되지 않는 곳. 아프리카에서도 오지인 르완다의 현실이다. 이런 죽음의 땅이 4차 산업혁명 테스트 베드가 되었다면 믿겨질까?

미국 스타트업 짚라인Zipline과 세계경제포럼은 이미 이를 현실로 바꿔놓았다. 르완다에서 2017년 본격화된 드론을 이용한 혈액, 의약품 운동은 이미 1,500여 차례 이상 이뤄졌다. 르완다는 UPS 등과 협력, 2016년 10월부터 드론을 통한 배송을 시작했다. 르완다의 드론은 새총을 쏘듯 하늘로 날리면 한 시간에 수십 킬로미터를 이동할 수 있다. 서부지역에 위치한 21개 수혈시설을 대상으로 드론을 이용하며 시작

폴 카가메[Paul Kagame] 르완다 대통령(맨 앞 오른쪽)이 지난 2016년 10월 14일 세계 최초로 국가의 드론 배송 시스템 도입을 알리는 첫 드론 발사 준비를 하고 있다. ©Zipline

된 작은 발걸음이 이제는 전국단위 시스템을 구축하는 데 이르렀다. 이런 성공 모델이 인접 국가로도 확산이 되고 있다. 탄자니아는 짚라인과 손잡고 드론 관제센터 4곳을 세우고 100기 이상의 드론으로 하루 2,000회의 비행을 실시한다는 계획을 세웠다.

도심 내 하늘길, 리스크만 볼 것인가?

세계경제포럼에서 드론·미래항공 분야를 총괄하고 있는 티모시 로이터[Timothy Reuter]는 "4차 산업혁명의 물결 속에 리더가 될 것인가, 아니면 다른 나라가 한 것을 따라만 갈 것인가는 선택에 달렸다"며 "르완다는 첫 번째 길을 택한 것"이라고 말했다. 세계경제포럼은 4차 산업혁명 시대 정보기술IT뿐 아니라 머신러닝, 블록체인, 정밀의료, 3D 프린팅, 로보틱스 등 다양한 분야에서 융합이 일어나고 있다는 판단 하에 2017년 4월 미국 실리콘밸리에 4차 산업혁명센터를 설립했다.

티모시 로이터 총괄은 구글의 드론 물류배송 프로그램인 '프로젝트 윙Project Wing'을 담당하다가 정책 수립에 관심을 갖고 4차 산업혁명센터로 자리를 옮긴 인물이다. 그는 "르완다는 이미 드론을 이용한 배송을 전국 단위로 확산시켰다"며 "이런 실제 경험이 누적되면 관련된 제도, 규범 마련에서도 앞선 나라가 될 수밖에 없다"고 강조했다. 규제를 어떻게 할지 고민하기보다 일단 새로운 세상을 위한 문은 열어주라는 이야기다. 그는 "취리히에서는 도심지역에서도 의료용품을 드론으로 배송하기 시작했고 싱가포르에서도 도심 내 하늘길Urban Skyway를 만들기 시작했다"며 "한국이 계산된 리스크만 보고 있을지 앞으로 나갈지를 잘 결정해야 할 것"이라고 말했다.

수직이착륙이 가능한 '플라잉카 택시'가 온다

티모시 로이터 총괄은 "수직이착륙이 가능한 플라잉카flying car 시대가 시작되면 또 다른 세계가 열린다"며 "우버가 곧 미국 댈러스와 로스앤젤레스 등에서 수직 이착륙이 가능한 비행 택시 서비스 '우버에어'를 시범 운용할 정도로 가까운 미래의 일"이라고 말했다.

미국 플라잉카 스타트업 테라퓨지아에서 만든 플라잉카인 'The Transition' (자료: 테라퓨지아 홈페이지)

우버는 미국 항공우주국NASA과 손잡고 우버의 영역을 지상에서 하늘로 넓혀갈 예정이다. 우버는 2020년에 로스앤젤레스에서 플라잉카 택시(우버에어)를 운영할 계획을 세운 상태다. 자동차를 앱으로 부르듯이 우버 앱으로 플라잉카를 부르는 시대가 머지않았다는 이야기다.

구글 창업자인 래리 페이지도 플라잉카 투자에 적극적으로 나서고 있다. 그가 투자한 스타트업 '키티호크'는 제트스키에 날개가 달린 디자인 차량이다. 중국 자동차 기업인 '지리吉利'는 미국 플라잉카 스타트업인 '테라퓨지아Terrafugia'를 인수했다. 지리는 스웨덴 볼보는 물론 독일 다임러의 최대주주로 오른 중국 기업이다. 자동차와 항공기를 넘나드는 기술력을 확보하기 위해 나섰다는 점에서 주목된다. MIT 출신 엔지니어들이 설립한 테라퓨지아는 플라잉카 분야에서 선도적인 스타트업으로 꼽힌다. 테라퓨지아가 선보인 TF-X는 성인 4명이 탑승할 수 있는 일반 자동차 크기와 비슷하다. 테라퓨지아는 2019년 하늘을 나는 자동차를, 2023년 수직 이착륙이 가능한 하늘을 나는 차를 출시할 계획이다.

플라잉카에 자율비행 기능까지 추가되면서 인간의 공간 이동에는 혁신적인 변화가 일어날 전망이다. 에어버스의 미국 실리콘 밸리 연구소인 A3은 2018년 1월 말, 완전 전기동력 자율비행 항공기인 바하나의 첫 비행에 성공했다. 53초 동안 5미터 위로 수직 비행한 것이 전부였다. 하지만 인간의 조종 없이 하늘을 날기 시작했다는 점에서 항공기 역사에 새로운 전환점이 될 전망이다. 이번 시험비행은 미국 오레건주 펜들턴 UAS(드론 본체 + 지상컨트롤시스템) 시험 구역에서 실시됐다.

이 항공기는 2년 전 냅킨 스케치에서 시작됐다. 잭 러버링 바하나 프로젝트 책임자는 "출발 지역으로부터 50마일 인근의 지역까지 도로 대중교통 대비 4시간 빠른 속도로 갈 수 있는 새로운 항공 교통수단 제공을 목표로 바하나를 개발하고 있다"고 밝혔다. 이 항공기의 활용 범위는 매우 다양하다. 에어버스 측은 A3 자율비행 항공기가 물류, 택시, 비상운송 및 구출 교통수단으로 활용될 수 있을 것으로 전망했다.

4차 산업혁명이
가져올 미래

/

미국서 140만 명 일자리 사라질 것…

세계경제포럼은 4차 산업혁명 여파로 2026년까지 미국에서만 140만 명의 일자리가 사라질 것이라는 분석을 내놨다. 특히 여성들이 주로 종사하는 일자리가 더 큰 영향을 받을 것이라는 진단이다. 세계경제포럼은 보스턴컨설팅그룹과 함께 미국 내 1,000여 개 직종을 분석 대상으로 삼은 〈기술 재교육 혁명: 일자리의 미래(Towards a Reskilling Revolution: A Future of Jobs for All)〉보고서를 통해 미국에서 사라지는 일자리의 57% 는 여성들 일자리가 될 것으로 내다봤다.

대표적으로 사라질 일자리는 사무보조직 64만 2,000명, 생산라인 51만 1,000명 등이다. 세계경제포럼·보스컨설팅그룹은 비서, 사무보조직 등 사라질 위기에 처한 여성 일자리가 16만 4,000여 개지만 공장 생산라인에서 사라질 위기에 처해 있는 남성 일자리는 9만 개 정도라고 분석, 기술 재교육을 받지 않으면 여성이 남성보다 더 불리한 위치에 처할 것으로 전망했다. 또 남성에게는 22개 대체 선택 직업이 있지만 여성은 12개에 불과한 것으로 나타났다. 4차 산업혁명에 대해 제대로 대비하지 않을 경우 남녀 불평등이 더 심화될 개연성이 커진 셈이다.

다만 적절히 기술 재교육을 받고 직업 전환을 할 경우 여성과 남성 간 일자리 격차는 어느 정도 해소될 수 있을 것이라고 기대했다. 직업 전환과정에서 가장 강한 생존력을 보이는 부류는 하이브리드 스킬을 가진 사람들이다. 특히 협력 기술과 비판적 사고, 특정분야 전문성 등이 중요한 요소라고 보고서는 분석했다.

직업의 미래, 노동시장의 양극화 현상

세계경제포럼은 이와는 별도로 '직업의 8가지 미래'라는 보고서를 보스턴컨설팅그룹과 함께 발간했다. 4차 산업혁명 시대 도래를 예고해 주목받은 세계경제포럼은 향후 직업에 영향을 줄 8대 요소를 제시했다. 보고서에 따르면 인력 자급자족, 급격한 인력이동, 로봇의 인력 대체, 양극화된 세계, 기업 영향력 확대, 숙력된 인력 흐름, 생산성 높은 지역 출현, 민첩한 적응력 등이 중요한 노동시장 변수가 될 전망이다.

트럼프 행정부의 보호무역주의에 따른 결과물인 인력 자급자족과

인력 자급자족	급속한 인력 이동
보호무역주의에 따른 인력 이동 금지 저임금 근로자의 국가 의존도 심화	선진국 저임금 근로자 방출 신흥국 기술 근로자 선진국 유입
로봇의 인력 대체	양극화된 세계
노동시장 공동화 현상 발생 불평등, 양극화 심화	거세지는 자동화 압력 양극단 가치·의견 확산
기업 영향력 확대	숙련된 인력 흐름
기업의 기술 재교육 투자 활발 사회 경제적 기여 증가	평생교육 필요성, 개혁 확산 적은 자본으로 높은 가치 창조
생산성 높은 지역 출현	민첩한 적응력
온라인 연결 등으로 자원 활용 지역사회 위주 생활 강화	경제 역동성이 갈수록 증대 초연결사회에서 생존 능력 배양

세계경제포럼이 보스턴컨설팅그룹과 공동연구를 통해 2018 다보스포럼에서 발간한 '직업의 8가지 미래' 보고서 핵심 내용이다. (자료: 세계경제포럼 보스턴컨설팅그룹)

선진국 저임 근로자는 퇴출되고 신흥국 기술 근로자는 선진국으로 유입되는 급격한 인력이동은 상충되는 개념이지만 미래에는 이처럼 상충되는 현상이 동시다발적으로 노동시장에 영향력을 줄 것으로 분석했다. 로봇의 인력대체는 노동시장 공동화를 일으켜 계층 간 불평등을 심화시킬 수 있다. 자동화 압력이 거세지면 시간이 갈수록 노동시장 양극화가 더 심각해질 것이라는 진단이다.

기업이 주도하는 기술 재교육과 투자가 활발해지면서 기업 영향력은 더 확대될 것으로 보고서는 분석했다. 또 적은 자본으로 높은 가치 창조가 가능한 시대가 도래했기 때문에 숙련된 인력 흐름도 중요한 노동시장 변수다. 온라인 연결 등으로 지역사회 위주 생활이 강화되면 생산성이 높은 지역이 출현할 수도 있다고 봤다. 또 경제적 역동성이 늘어나면서 초연결 사회에서 생존능력을 배양하는 것이 그 어느 때보다 중요해졌다. 리치 레서 보스턴컨설팅그룹 최고경영자는 "미래 직업은 현재진행형이고 확실한 시나리오는 없다"며 "사람들이 생애 전 기간 동안 잠재력을 발휘하도록 기회를 최대한 제공하는 미래를 만드는 것은 우리 손에 달렸다"고 말했다.

4차 산업혁명센터, 한국은 패싱

세계경제포럼은 샌프란시스코에 이어 일본, 인도, 아랍에미리트 UAE에도 4차 산업혁명센터를 개설하기로 했다. 4차 산업혁명 관련 글로벌 민간 협력 플랫폼을 구축하고 있는 세계경제포럼은 전 세계 주요국에 4차 산업혁명 협력 거점을 마련하고 있는데 한국이 소외되는 모양새다. 세계경제포럼은 4차 산업혁명시대 정보기술IT뿐 아니라 머신러닝, 블록체인, 정밀의료, 3D프린팅, 로보틱스 등 다양한 분야에서 융합이 일어나고 있다는 판단하에 2017년 4월 미국 샌프란시스코에 4차 산업혁명센터를 설립한 바 있다. 이번에 샌프란시스코 외 다른 지역으로 4차 산업혁명센터 외연을 더 확장해 나가는 셈이다.

세계경제포럼은 일본, 인도, UAE에 4차 산업혁명센터를 개설, 이들 국가 정부·기업들과 다양한 협력에 나설 방침이다. 세계경제포럼은 지난 2016년 1월 다보스포럼 때 '4차 산업혁명의 도래'를 예고해 전 세계적으로 4차 산업혁명 열풍을 불러일으킨 바 있다. 세계경제포럼은 4차 산업혁명 성과를 구체화하기 위해 2017년 3월 샌프란시스코에 첫 번째 4차 산업혁명센터를 개설한 바 있다. 세계경제포럼의 이 같은 움직임이 주목받는 것은 4차 산업혁명 관련 산업 정책방향 수립 과정과 생태계 조성에 깊이 관여하고 있기 때문이다. 세계경제포럼 관계자는 "한국에는 4차 산업혁명센터 설치 계획이 아직 없다"고 말했다.

고령화된 일본 사회의 4차 산업혁명

일본 정부와 기업인들은 다보스에서 기자회견을 갖고 세계경제포럼의 4차 산업혁명센터를 일본에 유치한 것에 큰 의미를 부여했다. 일본 정부·재계가 합심해 매달린 결과물이다. 일본은 경제산업성 야나세 타다오柳唯夫 경제산업심의관, 엔도 노부히로遠藤信博 일본전기NEC 회장, 고바야시 요시미쓰小林喜光 미쓰비시케미칼홀딩스 회장 등 정부·민간 리더들이 함께 기자회견을 열었다. 나카니시 히로아키中西宏明 일본 히타치제작소 회장은 "3년 전에 4차 산업혁명 이야기가 나왔을 때 사람들이 주로 회의적인 반응을 보였지만 지금은 이를 적극 활용해야 한다는 논의가 더 많아졌다"며 "4차 산업혁명의 긍정적 혜택을 적극 활용할 필요가 있다"고 강조했다.

　나카니시 회장은 일본 최대 경제단체인 게이단렌經團連 회장이 됐다. 나카니시 회장은 또 4차 산업혁명 기술 중에서도 "비용이 적게 들면서 신뢰할 수 있고 탈중앙집권화를 이루는 블록체인 기술에 주목하고 있다"고 말했다. 나카니시 회장은 "디지털화 과정에서 블록체인을 어떻게 잘 활용할지를 연구하고 있다"고 말했다. 야나세 경제산업성 심의관은 "기존 IT 시스템을 블록체인 기반으로 한꺼번에 바꿀 경우 엄청난 매몰 비용이 발생할 수 있다"며 "금융산업 분야부터 블록체인 시스템을 어떻게 무리 없이 적용할지 연구 중"이라고 말했다.

　야나세 심의관은 "일본은 고령화된 사회이기 때문에 사물인터넷IoT, 인공지능, 빅데이터 등을 적극 활용할 수 있는 테스트 베드가 될 수 있다"며 "세계경제포럼 등과 같은 네트워크를 통해 글로벌 표준을 만들어 새로운 시대로 가는 창구gateway 역할을 할 것"이라고 강조했다. 그러면서 야나세 심의관은 "일본 정부는 프로젝트별로 '규제 샌드박스 제도'를 통해 과감한 규제 개혁에 나서고 있다"고 강조했다. 일본은 이렇게 발 빠르게 움직이는 데 비해 아쉽게도 한국은 다보스포럼에 경제관료 참석이 전무했고 재계 리더들이 여는 기자회견도 없었다.

인간능력
증강기술HA 주목

— 마틴 베텔리Martin Vetterli 스위스 로잔연방공대 총장

　다보스포럼에서 만난 마틴 베텔리Martin Vetterli 스위스 로잔연방공대 총장. 행사장인 다보스 콩글레스센터 회의장에서 만난 그는 테이블도 없는 작은 의자 위에 앉아 노트북을 켜고 열심히 이메일을 쓰고 있었다. 수행원도 전혀 없었다.

　로잔연방공대가 추구하는 실용 학풍은 이렇게 총장의 모습에 배어 있었다. 로잔연방공대École Polytechnique Fédérale de Lausanne, EPFL는 취리히연 방공대Eidgenossische Technische Hochschule Zürich, ETHZ와 함께 유럽의 자존심으 로 불리는 연구중심 명문 공대다. 스위스에는 연방정부의 지원을 받는 연방대학이 EPFL, ETHZ 등 두 곳뿐이다. 로잔연방공대에는 롤렉스, 노바티스 등 스위스가 자랑하는 대기업들이 여러 프로그램을 통해 재 정을 지원하고 있다. 하지만 이들 기업들이 재정운영에서 차지하는 비율은 10%가 채 되지 않는다. 그만큼 연방정부가 적극적인 예산 지원에 나서고 있다는 뜻이다.

로잔연방공대는 1969년 설립되어 수백 년의 역사를 지닌 여타 유럽 대학과 비교해서는 젊은 대학에 속한다. 하지만 스위스 연방정부의 전폭적인 지원에 힘입어 '유럽의 MIT'라는 명성을 쌓아나가고 있다.

베텔리 총장은 "인간 능력을 증강시키는 HA Human Augmentation이 중요한 화두가 될 것"이라고 말했다. HA는 지금까지 보조기구 등을 이용해 적은 힘으로 효율적인 기능을 가능하게 해주는 분야를 일컫는 말로 사용됐다. 그러나 단순한 물리적 지원을 넘어서 인간의 삶 자체를 개선시키는 용어로 확장되고 있다.

이런 측면에서 베텔리 총장은 "로잔공대가 가장 심혈을 기울이고 있는 연구 분야 중 하나는 뇌–컴퓨터 인터페이스 Brain–Machine Interface"라고 소개했다. 이런 연구결과를 토대로 인간의 감각 기능을 지원하는 신경기능 대체 장치 등이 발전하고 있다. 그는 "로잔공대 신경보철학 Neuroprosthetics 연구소에서도 다양한 연구를 하고 있다"고 말했다. 신경보철학이란 부상이나 질병으로 인해 손상된 뇌 신경계의 일부에 인공칩을 삽입하는 기술을 탐구하는 학문이다. 베텔리 총장은 이런 분야에서 자연과학자, 공학자, 뇌과학자 등이 다양한 협업을 하고 있다고 소개했다. 의학 분야에서 주된 관심사였던 골격skeleton 분야 연구도 이런 다양한 배경의 학자들이 공동연구를 하는 대상이라고 소개했다.

그는 "앞으로 공학, 이학, 의학 간 학문 구분은 큰 의미가 없어진다"며 "다양한 분야 학문을 서로 유기적으로 접목해 연구하는 것이 무엇보다 중요하다"고 말했다. 그는 특히 "뇌과학과 자연과학 연결은 의학 분야에서도 혁명적 변화를 가져올 것"이라고 예상했다.

베텔리 총장은 이를 위해 교육체계를 완전히 바꾸고 있다고 말했다. 그는 "1학년 때 근원적인 사고전환을 위해서 수학, 물리학을 기본으로 하고 컴퓨터적 사고를 하는 방법을 가르치고 있다"고 말했다. 그는 "프로그래밍을 가르치는 것이 아니라 컴퓨터처럼 사고하는 방식을 교육하는 것"이라고 말했다. 그는 "'컴퓨터라면 이 문제를 어떻게 해결해나갈까'라는 질문을 던지면서 생각을 해나가는 방법을 교육하고 있다"고 말했다. 로잔공대는 평창동계올림픽 관련 기상관측 프로젝트에도 참여해 기술력을 선보였다.

베텔리 총장에게 4차 산업혁명의 핵심 요소가 무엇인가를 물어봤다. 그는 "인공지능, 빅데이터, 클라우드 등 여러 요소가 거론되지만 본질은 데이터가 핵심이라는 점에서 같다"며 "데이터가 없으면 아무것도 할 수 없는 시대가 됐다"고 말했다. 그는 "클라우드 유연성, 스토리지

스위스 로잔연방공대 전경
(자료: 스위스 로잔연방공대 홈페이지)

기능 등이 중요해지며 이를 위해서는 데이터 교환이 가능해야 한다"고
말했다.

베텔리 총장은 로잔공대 연구 활동이 상아탑 내 사장되는 것을 막기
위해 다양한 방법으로 창업활동을 지원하고 기술이전에 나서고 있다
고 소개했다.

그는 "학교 내 '르 가라쥬Le Garage'(프랑스어로 창고 의미)는 실리콘밸리
스타일의 창업 공간"이라며 "컴퓨터 기기로 유명한 로지텍, VR을 활용
한 의료기기 회사인 마인드메이즈MindMaze 등이 로잔공대에서 탄생했
다"고 말했다. 학교 내 '이노베이션 파크'는 주요 글로벌 기업들과 산학

협력 과제를 연구하고 스타트업 활동이 이뤄지는 터전이다.

베텔리 총장은 "창업을 일단 하면 연구소 등이 많은 이노베이션 파크라는 생태계로 연결된다"고 말했다. 로잔공대 이노베이션 파크에는 노바티스, 시스코, 네슬레 등 주요 글로벌 기업이 다양한 연구과제를 대학과 함께 진행하고 있다. 로잔공대 전체 학생은 1만 500여 명인데 이 중 석사·박사 과정 재학생이 약 4,000여 명에 달하고 있다. 교수는 346명이지만 연구진은 3,625명으로 연구중심 대학으로 발전하고 있다.

로잔연방공대에서 두각을 나타내는 한인 교수가 있다. 백규진 교수는 로봇공학자로 세계적인 주목을 받고 있다. 백 교수는 부드러운 재료로 소프트로봇을 연구하는 변형로봇연구소를 책임지고 있다. 백 교수는 이이트 멘규치 오리건주립대 교수, 니콜러스 코렐 콜로라도대 교수, 레베카 크레머 예일대 교수와 이와 관련된 연구로 2017년 말 국제학술지 사이언스 로보틱스의 주목을 받은 바 있다.

베텔리 총장은 블록체인 기술과 관련 "매우 파괴적인 변화를 일으킬 것으로 예상한다"며 "근본적인 기술 개발에 더 초점을 두고 있다"고 말했다. 베텔리 총장은 "비트코인을 채굴하는 것은 에너지 사용 측면에서 매우 비효율적"이라며 "중요한 것은 비트코인이 아니라 블록체인과 관련한 기술"이라고 말했다.

휴대폰으로
전염병 막는다

— 황창규 KT 회장

"세계를 실질적으로 연결하는 플랫폼을 한국이 주도하고 있다는 점에 자부심을 느낍니다. 전염병 방지로 시작된 협력이 많은 다양한 분야로 확산될 것입니다."

황창규 KT 회장이 삼성전자에서 반도체를 담당했을 시절 '황의 법칙'이라는 말이 생겼을 정도로 그는 반도체 부문의 대가였다. 세계적인 혁신을 주도했던 그가 이번에는 색다른 의제에 푹 빠졌다.

황 회장은 2018년 다보스포럼에 참석, '전염병 확산방지 플랫폼Global Epidemics Prevention Platform, GEPP' 구축을 제안하고 세계보건기구WHO, 국제전기통신연합ITU, 세계경제포럼 등 국제기구의 적극적인 협력을 요청했다.

이 플랫폼은 로밍 데이터를 활용, 전염병 이동 경로를 추적하고, 이를 원천적으로 차단하는 것이다. 황 회장은 평상시와 위급시 두 가지로 나눠 GEPP를 운영하는 방안을 제안했다. 평상시에는 전염병 정보제공을 위한 개인정보 이용에 동의한 사람들에게만 위험안내 서비스를 제공한다. 하지만 세계적으로 전염병이 유행하는 등 위기시에는 개인정보 이용 동의 여부와 상관없이 전 세계 모든 휴대폰 이용자들의 전염병 발생지역 방문정보를 파악하고, 이용자들에게 위험안내 서비스를 제공한다.

황 회장은 다보스포럼 '다음 세대의 전염병 준비(Preparing for the Next Epidemic)' 세션에 패널로 참여해 전염병으로 인한 손실의 심각성과 KT 주도로 추진 중인 '전염병 확산방지 프로젝트'에 대해 설명했다. 또한 프로젝트의 본격 추진을 위해 정부와 통신사 사이의 '합의Consensus', 국가 내 및 국가 간 '협업Collaboration', 이를 실현하기 위한 '인프라Infrastructure' 구축을 위한 재정적, 기술적 지원이 필요하다고 강조했다.

황 회장은 "다보스포럼을 통해 이 플랫폼을 국제기구 차원에서 확산시키는 계기를 마련했다"고 말했다. 황 회장은 "IT가 인류 삶에 도움이 될 수 있는 아이디어를 공유하고 싶었다"고 말했다.

마이크로소프트 창업자인 빌 게이츠는 다보스포럼에서 매년 전염병 방지를 위한 글로벌 협력을 모색하고 있다. 개발도상국에 백신을 지원

황창규 KT 회장(가운데)이 다보스포럼 '다음 세대의 감염병 준비' 세션에서 패널로 참석해 발표를 하고 있는 모습

해주는 민관협력기구 가비GAVI를 후원하는 것이 대표적이다. 그러나 전통적인 방식보다 IT를 활용한 새로운 대처방법을 황 회장이 제시함에 따라 큰 호응을 받았다.

황 회장은 "빌게이츠는 물론 국제기구와 국가 지도자들의 반응이 예상외로 좋았다"고 말했다. 황 회장은 이 시스템 보급을 위해서 세계은행, 세계보건기구WHO, ITU 등 국제기구들과 긴밀한 협력을 해나가겠다고 밝혔다.

황 회장은 "전염병 방지를 위해 네트워크를 구축하면 다양한 분야로 응용이 가능할 것"이라고 말했다. 기후변화대응, 재난안전 등이 대표적이다. KT가 이런 플랫폼을 구축하게 된 것은 2015년 메르스 사태가 계기가 됐다.

황 회장은 "메르스 사태 당시 로밍 데이터를 풀어 12번 환자와 접촉한 사람들을 격리하면서 메르스 종식에 KT가 일정 부분 기여했다"고 말했다. 황 회장은 이 플랫폼이 개인정보 침해를 야기하는 것이 전혀 아니라고 강조했다.

황 회장은 "평상시 이 시스템은 빈껍데기일 뿐이다. 사고가 생기면 한 사람만 들어가서 (이동 데이터를) 보면 된다"고 말했다. 황 회장은 "원천적으로 프라이버시는 블록체인 기술로 보호한다"며 "로밍 데이터가 아니라 디바이스 고유번호만으로도 가능하다"고 말했다. 황 회장은 "한국이 주도하고 전 세계가 동참하면서 그다음 단계에서는 더 창조적으로 응용할 수 있다"며 "한국의 국격뿐 아니라 인류에도 공헌할 수 있는 기술"이라고 말했다.

다보스포럼,
카스트 못지않은 신분제 사회?

날이 갈수록 위상이 높아지고 있는 다보스포럼. 원한다고 아무나 참석할 수 있는 곳이 아니다. 다보스포럼 문턱은 매우 높은 편이다. 일단 공식 초청자로 등록하는 것조차 힘들다. 다보스포럼에 설사 참석할 수 있는 자격이 주어진다고 해도 참석하는 수천 명의 사람들의 참석 조건은 사람마다 모두 다르다고 해도 과언이 아니다. 다보스포럼이 공들이는 인물은 항공, 숙박은 물론 연사료를 제공받기도 한다. 하지만 이런 경우는 극히 일부이며, 대부분은 막대한 돈을 내고 참석한다.

다보스포럼은 신분제 사회라고 해도 과언이 아니다. 배지 종류에 따라 행사장 출입, 미팅룸 이용, 행사장 식사, 라운지 이용, 주차장 이용 등 각종 서비스 이용이 차등화되어 있다.

가장 높은 등급인 '화이트 배지'라고 불리는 패스가 있어야 행사장 출입, 세션 참석 등이 자유로운 편이나. 화이트 배지는 매년 약 3,000~4,000여 개가 발급되는 것으로 알려져 있다. 화이트 배지도 자세히 살펴보면 세부 분류가 있다. 화이트 배지 중에서도 홀로그램 이미지가 새겨진 배지는 국가

다보스포럼은 신분제 사회라고 해도 과언이 아니다. 배지 종류에 따라 행사장 출입, 미팅 룸 이용, 행사장 식사, 라운지 이용, 주차장 이용 등 각종 서비스 이용이 차등화되어 있다.

©세계경제포럼

정상, 국제기구 대표 등에게만 제한적으로 발급된다. 최고위 신분이다. 인도 카스트제도에 비유하면 브라만 계급이다.

화이트 배지 보유자들은 참여 내용에 따라 '글로벌 셰이퍼Global Shaper', '영 글로벌 리더Young Global Leader', '미디어 리더Media Leader' 등 하위 카테고리가 있다. 이 화이트 배지를 받는 것은 매우 까다로운 편이다. 일반 기업인은 기업 회원으로 가입해야 받을 수 있다. 세계경제포럼 측은 현재 4개 등급으로 회원사 등급을 나눠서 가입을 받고 있다.

기본 회원에 해당하는 '파트너 어소시에이트Partner Associate' 연회비는 18만 스위스프랑(1스위스프랑 1,150원 기준 약 2억 700만 원)을 내야 한다. 이 등급으로 가입하면 화이트 배지가 1개 주어진다. 단, 배우자는 동반 가능하다. 이게 끝이 아니다. 매년 1월 스위스 연차총회인 다보스포럼에 참석하기 위해서는 1인당 2만 7,000스위스프랑(3,105만 원)을 추가로 부담해야 한다. 세계경제포럼이 다보스포럼 외에 연중 운영하고 있는 시스템 이니셔티브, 지역별 이니셔티브, 커뮤니티별 행사 중 1개 그룹에 속할 수 있다. 다보스포럼과 달리 연중 열리는 중국 행사, ASEAN 행사, 남미 행사 등 지역별 행사에 참석할 경우에 별도의 참석비는 내지 않는다.

이보다 상위 등급으로는 '파트너Partner', '스트래티직 파트너 어소시에이트Strategic Partner Associate', '스트래티직 파트너Strategic Partner' 등 3개의 상위 등급이 있다. 이 등급들의 연회비는 각각 30만 스위스프랑(3억 4,500만 원), 45만 스위스프랑(5억 1,750만 원), 60만 스위스프랑(6억 9,000만 원)이다. 이들 회원사에게는 등급에 따라 다보스포럼에 참석할 수 있는 화이트 배지가 등급에 따라 2~6개 정도가 배정된다.

국내 기업 중에는 SK, 한화가 최고 등급인 스트래티직 파트너 등급을 유지하고 있다. 물론 선별적으로 초청을 받는 정치인, 학자 등은 이런 연회비, 참석비 등을 내지 않는다.

세계경제포럼 측은 "연차회의(다보스포럼) 참가자를 위한 화이트 배지 숫자는 파트너십으로 받을 수 있는 혜택 중 하나에 불과하다"며 "전반적으로 시스템(포럼의 프로젝트 플랫폼) 참여 여부와 범위, 시스템 참여 시 각 시스템별 구성되어 있는 최고의사결정기구Steering Committee 참여, 연차회의의 비공식 세션 초대, 연차회의 세션 시 패널 초청 여부, 인더스트리별 최고경영자 커뮤니티Governors Meeting 초청 여부, 연차회의 및 각종 회의 시 행정 지원 범위 등 포럼 활동의 모든 측면에서 파트너십 등급별 셋업이 다르다"고 설명했다.

화이트 배지 외에 다양한 색깔의 배지가 있다. 짙은 파란색 배지는 세계경제포럼 직원용이며, 옅은 파란색 배지는 행사 기간 중 고용된 임시 직원용이다. 보라색 배지는 이벤트 등을 위해서 외부에서 온 행사 진행요원 등이 받는다. 그린 배지는 국가정상, 국제기구 수장 수행인력들에게 발급된다.

언론 참석허가 역시 까다롭기 이를 데 없다. 매경미디어그룹처럼 기업 회원 자격을 유지하고 있는 언론사가 아니면 참석 배지는 극히 예외적인 경우에만 허락된다. 다만 취재Reporting Press 배지의 경우 미디어리더가 아닌 한 제약이 많이 따른다. 취재 기자용 '옐로우 배지'의 경우 2017년 행사부터 주요 세션 행사 참석이 막혔다. 방송 카메라 기자용 '테크니컬 배지'의 경우 취재 6시간 전에 취재 신청을 해야 하며, 미디어팀 1명이 동행을 해서 일거수일투족을 감시한다. 이것도 30분만 촬영이 허용된다. 이런 미디어 배지조차 발급받는 데 1~2달이 소요된다. 세계경제포럼 측은 다보스포럼을 가장 적극적으로 취재하고 알려온 매경미디어그룹의 공로를 인정해 2016년 박봉권 매일경제신문 부장을 미디어리더로 선정한 바 있다. 전 세계 언론인 중에 미디어리더로 인정받은 사람은 100여 명 남짓이다.

배지가 없어 공식 행사에는 참석할 수 없지만 관련 업계 모임, 비공식 행사 참석, VIP 의전 등을 위해서 다보스에 꼭 가야 하는 이들을 위해 세계경제포럼이 내놓은 별도 신분증이 호텔 배지Hotel Badge이다.

대부분의 글로벌 기업들은 CEO 등 최고위 임원이 화이트 배지를 쓴다. 실무진 등은 이런 배지를 받지 못하는 경우가 많다. 이들은 행사장 주변을 위성처럼 떠돌며, 외곽에서 비즈니스 미팅 등을 하는 경우가 많다. 공식 행사에는 참석할 수 없지만 관련 업계 모임, 비공식 행사 참석, VIP 의전 등을 위해서 다보스에 꼭 가야 하기 때문이다. 이런 사람들을 위해서 세계경제포럼이 내놓은 별노 신분증이 있다.

'호텔 배지Hotel Badge'가 그것이다. 이 신분증으로 아메론 스위스 마운틴 호텔Ameron Swiss Mountain Hotel, 힐튼 가든인Hilton Garden Inn, 인터컨티넨털InterContinental,

호텔 시호프Hotel Seehof, 스타인겐베르거 그랜드호텔 벨베데르Steigenberger Grandhotel Belvedere 등을 출입할 수 있다. 세계경제포럼은 이 호텔 배지를 50스위스프랑(약 5만 7,500원)을 받고 발급한다. 하지만 호텔 배지로는 콩글레스 센터, LOFT 등 핵심 행사장에는 출입이 불가능하다.

문제는 이런 호텔 배지조차 아무에게나 발급하지 않는다는 점이다. 화이트 배지 등 공식 초청자에게만 호텔 배지 신청을 대행해줄 권한이 부여되며 1인당 호텔 배지 대행은 2명으로 제한된다. 이렇게 추천을 받은 사람은 비자 신청에 버금갈 정도로 까다롭게 개인 정보를 제출해야 심사를 거쳐 호텔 배지가 발급된다. 이런 배지 문제뿐만이 아니다. 비공식적으로 열리는 소규모 프라이빗 행사들은 셀 수가 없을 정도이며 잘 알려지지도 않는다. 이런 행사에 얼마나 초대를 받는지가 다보스에서 신분 수준을 대변해주는 셈이다.

부활한
'한국의 밤'

2017년 다보스포럼에 온 한국인 참석자들은 '나라 없는 설움'을 겪는 심정이었다. 다보스포럼 기간에는 중국·일본은 물론 세계 각국이 저마다 국가를 홍보하며 외교 전쟁을 벌인다. 그런데 한국은 존재감이 없었다. 한국을 알리는 데 중심이 돼야 할 '한국의 밤Korea Night' 행사가 '최순실 사태'로 중단된 탓이었다. 한국의 밤 행사는 전국경제인연합회가 2009년 시작해 2016년까지 8년 연속 개최했다.

다보스포럼은 겉으로 보이는 400여 개의 세션과 기자회견이 전부가 아니다. 한국의 밤처럼 비공식적으로 열리는 자리에서 치열한 외교·경제 전쟁이 벌어진다. 이에 국가를 주제로 한 비공식 행사에는 해당 국가 정상이 참석하는 경우가 많다.

그러나 2018년은 달랐다. 명맥이 끊겼던 한국의 밤 행사가 2년 만에 부활했다. 해를 길러 준비한 아홉 번째 한국의 밤은 알차게 치러졌다. 스위스 다보스 현지에서 가장 규모가 큰 인터콘티넨털호텔의 연회장에서 개최됐고, 한국과 국외 주요 인사 300여 명이 참석한 가운데 성황리에 마쳤다. 특히

2년 만에 부활한 다보스포럼 '한국의 밤' 행사에 참석한 장대환 매경미디어그룹 회장, 이상엽 카이스트 교수, 최태원 SK 회장, 신성철 카이스트 총장, 김영훈 대성그룹 회장 (왼쪽부터)이 대화를 나누고 있다. ©매일경제

2018년 행사는 평창동계올림픽·패럴림픽 성공과 한반도 및 세계 평화를 기원하는 뜻에서 공식 명칭을 '한국 평창의 밤Korea Pyeongchang Night'이라고 붙였고 행사장 장식과 전반적인 분위기를 동계올림픽 느낌으로 꾸몄다.

한국의 밤 호스트를 맡은 강경화 외교부 장관은 환영사를 통해 "세계경제포럼WEF은 '역사를 바꾼 아홉 가지 올림픽 장면'을 소개하면서 2000년 시드니올림픽 개막식 당시 남북한이 한반도기를 들고 공동 입장하는 순간을 포함했다"고 운을 뗐다. 이어 강 장관은 "1988년 서울올림픽이 동서 냉전을 극복하고 화합의 계기를 만들었던 것처럼 두 번째로 한국에서 열리는 이번 올림픽이 남북 대화를 재개하고 북한의 올림픽 참가를 이끌어냄으로써 전 세계 평화와 화합의 기회가 되기를 희망한다"고 밝혔다. 올림픽 정신과 평화·화합의 메시지가 어울려 큰 박수가 나왔다.

축사를 한 올리비에 슈바프 세계경제포럼 전무는 "4차 산업혁명을 선도하고 있는 한국이 올림픽 정신과 최첨단 기술력을 접목해 성공적으로 대회를 개최할 것으로 기대한다"고 호응했다.

한국의 밤 행사에는 정·관계는 물론 재계, 학계 등 다보스포럼을 찾은 한국 인사가 모두 참여했다. 다보스포럼에 참석한 SK그룹의 최태원 회장과 최재원 수석부회장, 현대자동차그룹의 양웅철 부회장과 피터 슈라이어 디자인총괄 사장, 황창규 KT 회장, 김동관 한화큐셀 전무, 김영훈 대성그룹 회장, 성낙인 서울대 총장, 신성철 카이스트 총장 등은 담소를 나누며 다보스포럼 소회를 나눴다. 김현종 산업통상자원부 통상교섭본부장과 최경림 주제네바 한국대표부 대사도 이날 행사장을 찾았고, 크리스 페이터르스 벨기에 부총리, 담딘 촉트바타르 몽골 외교장관 등 귀빈들도 참석해 자리를 빛냈다.

2018년 한국의 밤은 다채로운 공연으로 볼거리를 더했다. 세계적 권위의 쇼팽 콩쿠르에서 입상하며 국내 최고 피아니스트 반열에 오른 임동혁 씨는 슈베르트 즉흥곡 'D.935 Op.142 No.3'를 연주했다. 사이클 선수이면서 시각장애인 피아니스트인 장유경 씨도 아름다운 선율을 들려줘 감동을 선시했다. 한국을 알리는 행사답게 전통 악기인 생황 연주도 곁들여졌다.

맛깔스럽고 풍성한 음식도 화제였다. 갈비찜과 떡갈비, 닭강정, 감자전,

김밥, 약식, 머루주 등 한식은 물론 한식이 혹시 입에 맞지 않을 수 있는 외국 귀빈들을 위한 스위스식도 마련됐다. 다보스포럼에 해마다 참가하는 한화 측에서 정성스레 음식을 준비했고, 한국인들은 물론 외국인들의 입맛까지 사로잡았다.

릴리저스 프리덤 & 비즈니스파운데이션의 창업자인 브라이언 그림 사장은 "한국의 전통 연주도 들을 수 있었고, 갈비 등 한국 음식도 아주 좋았다"며 "평창동계올림픽에 북한도 참가한다고 하니 흥행에 도움이 될 것 같다"고 전했다.

한국의 밤 행사를 찾은 준 다카오 NHK 유럽총국장은 "하루 전 '일본의 밤 Japan Night'에도 갔는데 한국의 밤 행사에 참여한 다보스포럼 참석자가 훨씬 더 많은 것 같다"며 "평창동계올림픽과 연계해 행사를 진행했는데 준비를 많이 한 것 같다. 평창동계올림픽에 대한 정보도 얻을 수 있어서 유익했다"고 평가했다.

인공지능AI 기반 법률분석 플랫폼 서비스업체인 피스컬노트의 팀 황 창업자는 "강경화 장관 등 다양한 부류의 사람을 행사장에서 만나 네트워킹할 수 있는 좋은 기회였다"며 "다보스포럼 참석자들을 대상으로 평창동계올림픽을 홍보할 수 있는 좋은 기회가 된 것 같고 성공을 기원한다"고 밝혔다.

아르투로 카브레라–이달고 주제네바 에콰도르 대사는 "한국의 발전상에 관심을 갖고 있어 참석했다"며 "평창동계올림픽을 발판으로 평화의 계기가 마련되길 바란다"고 말했다.

사이클 선수이자 시각장애인 피아니스트 장유경 씨(오른쪽)가 한국의 밤 행사에 참석해 피아노를 연주하고 있다. ©매일경제

문재인 대통령이 참석하지 못한 점은 다소 아쉬웠다. 청와대는 세계경제포럼 측의 초청을 받고 한때 문 대통령의 참석을 검토했으나 최종적으로 불참하는 것으로 결론 내렸다. 70개국 정상이 한 자리에 모인 다보스포럼은 평창동계올림픽을 홍보하고 그들의 참여를 독려할 절호의 기회였다. 취임 직후 불안해진 한반도 정세와 맞물려 오히려 더 적극적으로 한국이 얼마나 성숙한 국가가 되어 국제 행사를 유치하고 준비했는지 보여줄 수 있는 기회이기도 했다. 대통령이 참석하지 못하는 상황에서 세계 정상급 인사들을 초청해 행사를 하려면 최소한 총리급이 나서야 한다는 지적도 있었다.

다보스포럼에 수년째 참여하고 있는 한 재계 관계자는 "트럼프 대통령, 시진핑 국가주석 등 세계를 이끌고 있는 리더들은 다보스포럼을 활용해 철저한 자국 실리 찾기에 나선다"며 "한국도 이런 무대를 최대한 활용해야 하는데 그러지 못한 점이 아쉽다"고 말했다.

PART 2

빅웨이브
세계 경제

다보스포럼에서 세계 경기에 대해서 2018년처럼
낙관론이 팽배한 적은 없었다. 하지만 이에 못지않
게 과도한 경기낙관론에 대한 경고의 목소리가 제
기됐다. 미국 금리 인상에 따른 영향에 대해서도 심
도 있는 토론이 이뤄졌다. 저금리로 쉽게 쓸 수 있
는 '이지머니' 시대가 끝나가는 것이 최대 변수다.
이런 흐름이 어떤 '빅웨이브'를 일으킬지 심층 분
석했다.

변곡점에 들어선
글로벌 경제

현재 글로벌 경제는 '스윗스팟sweet spot'

2018년 다보스포럼은 세계 경제 낙관론이 지배했다고 해도 과언이 아니다. 트럼프 정부 감세정책이 미국 경제 성장세와 투자 확대로 연결될 것이라는 기대가 적지 않았다. 세계적인 사모펀드 블랙스톤의 스티븐 슈워츠먼Stephen Schwarzman 공동창업자는 "미국을 주시하고 있는 전 세계 기업들이 선진국 시장에 투자한다면 투자해야 할 곳은 바로 미국이라고 말하고 있다"며 "미국으로 대규모 투자금 유입이 있을 것"이라고 기대했다.

트럼프 정부는 미국 기업들이 해외에 쌓아두고 있는 현금을 본국으로 다시 들여오도록 유도하기 위해 법인세를 35%에서 21%로 확 낮추는 세제개편안을 마련한 바 있다. IMF(국제통화기금)는 미 경제가

세계 경제는 2008년 글로벌 금융위기 이후 10년 만에 비로소 호황기로 진입할 수 있을까. 2017년부터 본격적으로 선진국 경제가 살아나는 모습이 감지되면서 글로벌 경제 낙관론이 힘을 얻고 있다. ©매일경제

2018년 기존 전망치보다 0.4%포인트 오른 2.7% 성장할 것으로 전망했다. 시장 안도감을 경고했던 루벤스타인 회장도 "경제 관점에서 2017년의 가장 큰 스토리는 바로 유럽 경기 회복"이라며 "많은 사람들이 유럽은 수년 전부터 사망 상태라고 생각했지만 실제로는 상당히 잘나가고 있다"고 높이 평가했다.

제스 스테일리Jes Staley 바클레이즈 CEO는 "미국은 매우 대담하게 움직여 법인세를 감축했다"며 "바클레이즈를 비롯해 많은 기업의 주주들에게 혜택을 주는 등 실질적인 영향을 미쳤다. 이는 다른 국가들에 비해 경쟁력을 갖추게 됐다는 걸 뜻한다"고 강조했다.

크리스틴 라가르드Christine Lagarde IMF 총재는 "전 세계가 3.9% 성장한다면 나쁜 수치가 아니다"며 "2017년 120개국이 플러스 성장을 했다"고 강조, 축배를 들 만하다고 했다. 이렇게 경제상황이 좋은 것은 경기사이클상 성장기에 접어든 데다 정책결정권자들의 정책이 잘 맞아떨어졌기 때문으로 분석했다.

마크 카니Mark Carney 영란은행 총재도 "세계경제 회복력이 굉장히 강하고 탄탄하게 회복하고 있다"며 "G7 등 선진국의 양적완화와 각국의 팽창적인 재정정책과 더 많은 투자가 경기회복을 이끌고 있다"고 진단했다. 또 카니 총재는 실업률과 임금(물가)상승률 사이에는 역의 함수관계가 있음을 보여주는 필립스 곡선Phillip's curve을 주목할 필요가 있다고 강조했다. 필립스 곡선은 실업률이 낮아질수록 화폐임금상승률과 물가상승률이 높아지고 반대로 화폐임금상승률이 낮을수록 실업률은 높아지는 역상관관계를 보여준다. 전 세계적으로 실업률이 낮아지면서 필립스 곡선이 더 가팔라졌고 경기회복세가 더 빨라지고 있다는 게 카니 총재의 평가다.

메리 어도스Mary Erdoes JP 모건 자산운용 CEO는 미국 감세조치 등 세제개혁에 큰 의미를 부여했다. CEO들이 감세를 통해 아낀 돈으로 주주들에게 배당을 주고, 고객을 위해 쓸 수 있고 더 많은 M&A를 할 수 있을 것으로 전망했다. 임금도 올리고 건강 보험에 더 많은 돈을 쓸 수 있고 직원 재교육에 활용하면 경제성장세 강화에 도움을 줄 수 있을 것으로 봤다. 또 인프라 투자도 강조했다. 허리케인 카트리나 때 1,200억 달러 비용이 발생했는데 방지를 위해서는 1,000만 달러만 사용하면 됐다며 인프라에 더 투자해야 한다고 강조했다.

라가르드 IMF 총재는 "중장기적으로 시장변동성을 키울 경제·정치적 도전과제가 적지 않다"면서도 "현재 글로벌 경제는 스윗스팟sweet spot에 위치해 있다"고 진단했다. 골프경기에서 골프공은 스윗스팟에 맞아야 가장 멀리 날아가는 것처럼 경제도 현재 최적의 상황에 있다는 비유다.

글로벌 기업 CEO들의 낙관적 전망 사상 최고치

다보스포럼 현장에 모인 글로벌 기업인들은 2018년 글로벌경제에 대해 낙관했다. 특히 대대적인 탈규제와 감세조치로 신바람이 난 미국 기업인들의 경기전망이 가장 긍정적인 것으로 나타났다. 트럼프 정부의 일련의 친기업 정책이 기업인들을 춤추게 만들었다는 게 다보스포럼 현장 분위기다. 글로벌컨설팅 기업 프라이스워터하우스쿠퍼스PwC가 전 세계 85개국 1,293명의 글로벌기업 CEO를 대상으로 한 설문조사 결과는 규제완화와 친기업행보가 기업 최고경영자CEO들의 투자의욕 고취와 고용확대라는 선순환 고리 강화로 연결되고 있다는 점을 명확히 보여줬다.

설문결과에 따르면 응답기업 CEO의 절반 이상인 57%가 2018년 경기가 2017년보다 개선될 것으로 내다봤다. 2017년 29%보다 두 배 가까이 급증한 것이며, PwC가 지난 2012년부터 글로벌 경기에 대한 설문조사를 시작한 이래 가장 높은 수준이다. 글로벌 CEO들이

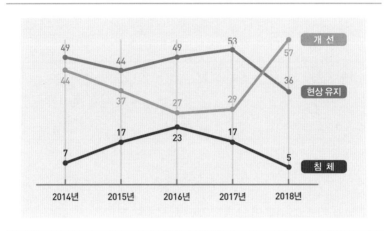

자료: PwC 글로벌 CEO 서베이(단위: %)

2018년 경기를 그 어느 때보다 낙관하고 있다는 방증이었다. 설문결
과 특히 미국의 경우 긍정적인 답변 비율이 2017년 24%에서 59%로
급증한 것으로 나타났다. 도널드 트럼프 대통령이 감세조치와 규제
완화 등 일련의 친親기업조치를 잇따라 내놓으면서 기업 CEO들 경제
전망이 급속도로 회복됐다는 진단이다.

미국은 물론 북미, 남미, 아시아태평양, 서유럽, 중·동부유럽, 중동,
아프리카 등 7개 모든 지역에서 골고루 경기 회복에 대한 낙관론이
사상 최고치를 기록했다. 밥 모리츠Bob Moritz PwC 회장은 "경기 지표
들이 매우 좋은 편이고, 주식시장이 활황세를 띠고 있다. 전 세계 주
요 시장이 GDP 성장세를 지속할 것으로 예상된다"고 말했다. 그는

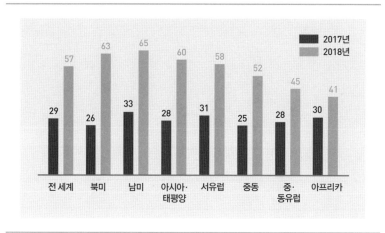

자료: PwC 글로벌 CEO 서베이(단위: %)

"CEO들이 2018년 세계 경제를 낙관적으로 전망한 것은 어찌 보면 당연하다"고 말했다.

PwC는 매년 전 세계 주요 기업 CEO들을 상대로 설문조사를 하고 있다. 매년 1월 다보스포럼에서 발표되는 PwC 글로벌 CEO 설문 결과는 체계적이고 정확한 분석력으로 경기를 전망해보는 데이터로 자주 인용된다.

브라질의 경우 전년대비 38%포인트 올라가 80%를 기록했다. 상대적으로 경기 회복에 비관론이 많았던 일본조차 이 비율이 11%에서 38%로 올라갔다.

낙관론은 다른 지역보다 상대적으로 북미 지역에서 높게 나타났

순 위	2017년	2018년
1	미 국	미 국
2	중 국	중 국
3	독 일	독 일
4	영 국	영 국
5	일 본	인 도
6	인 도	일 본
7	브라질	프랑스
8	멕시코	브라질
9	프랑스	캐나다
10	호 주	러시아
11	러시아	호 주
12	사우디아라비아	홍 콩
13	인도네시아	멕시코
14	홍 콩	한 국
15	캐나다	UAE

자료: PwC 글로벌 CEO 서베이

다. 2017년 26%에 불과했던 북미 지역에서 경기 낙관론은 2018년 63%로 상승, 상승폭이 전 세계 7개 지역 중 가장 높았다. 업종별로 살펴보면 IT(48%), 비즈니스 서비스(46%), 생명과학(46%) 업종의 CEO가 특히 성장에 대한 자신감을 보였다.

국가별로는 미국의 경우 경기가 회복될 것이라는 답변 비율이 2017년 24%에서 59%로 올라갔다. 특히 미국 CEO들은 실적 개선에 대해 낙관하는 것으로 나타났다. 연간 매출 증가 전망 질문에 대해 "매우 그렇다"라고 응답한 비율이 2017년 39%에서 52%로 높아졌다. 이는 대선 직후에 불안감이 많았던 2017년과 달리 규제개혁과 감세 정책 등이 기업 활동에 긍정적인 영향을 미칠 것으로 전망했기 때문으로 풀이됐다.

성장세가 지속될 것이라는 전망에 따라 CEO 중 54%는 고용을 늘리겠다고 밝혔다. 감원을 하겠다는 응답은 18%에 불과했다. 고용을 늘리겠다고 한 업종은 헬스케어(71%), IT(70%), 비즈니스 서비스(67%), 커뮤니케이션(60%) 등의 순으로 높게 나타났다. 디지털과 자동화로 대체가 가장 심한 분야는 금융 서비스 분야로 전망됐다. 금융, 자본시장, 보험업계 CEO의 24%는 인력 감축을 계획하고 있다고 밝혔다.

과잉규제, 사이버테러 등이 위협요인으로 부상

CEO들이 손꼽은 매력적인 시장 순위는 미국(46%), 중국(33%), 독일(20%), 영국(15%), 인도(9%), 일본(8%) 순서로 나타났다. 한국은 4%를 기록, 14번째에 그쳤다. 미국 시장에 대한 선호도는 전년대비 3%포인트 상승했지만 중국 시장 선호도는 2017년과 같은 수준을 기록해 중국에 비해 미국 시장 매력도가 상대적으로 높아졌다. CEO 자문 활동으로 유명한 작가 램 차란Ram Charan은 "미국의 법인세 인하는 미국에 대한 외국인 직접 투자를 촉진시킬 것이며, 특히 유럽과 일본에서 이런 투자가 늘어날 것으로 예상된다"고 말했다.

이런 낙관적인 전망에도 불구하고 과잉규제, 테러, 지정학적 불확실성, 사이버테러 등이 위협요인으로 부상하고 있다고 PwC는 지적했다. 모리츠 회장은 "지정획적 불확실성 등 경기에 비관직인 요소들이 많이 있음에도 불구하고 전 세계 CEO들은 경기가 순항할 것으로 낙관하고 있지만 이는 향후 12개월 정도의 단기 전망이므로 낙관론이 지속될지는 신중하게 지켜봐야 할 것"이라고 말했다.

과잉규제는 2017년(42%)에 이어 2018년(42%)에도 가장 큰 변수로 꼽혔다. 그 뒤로는 테러(41%), 지정학적 불확실성(40%), 사이버 위협(40%), 핵심 기술 부족(38%)이었다. 특히 이번 조사에서 눈에 띄는 것은 테러와 사이버 위협이 점점 더 큰 위협으로 부상하고 있다는 점이다. 테러와 사이버 위협은 2017년 각각 12번째, 10번째 위협요인에 그쳤으나 2018년에는 2번째, 3번째 요인으로 급부상했다.

이런 경향은 선진국일수록 두드려졌다. 미국 기업인들이 최고의 골칫거리로 생각한 것은 사이버 위협(53%)이었다. 서유럽에서도 사이버 위협이라고 응답한 비율은 33%를 기록, 포퓰리즘, 과잉규제, 지정학적 불확실성, 테러와 함께 5대 위협요인으로 나타났다. 전통적으로 서유럽에서 중요하게 여겨온 기후변화와 환경파괴는 이보다 뒤로 밀렸다. 독일에서 사이버 공격은 2017년 5번째 위협 요소로 부상했다가 2018년 3위(28%)로 뛰어 올랐다.

리포트의 제목인 '코너 오피스에 있는 불안한 낙관론자(The Anxious Optimist in the Corner Office)'에서 볼 수 있듯 중장기적으로는 아직 불확실성이 적지 않다는 점을 드러냈다.

향후 3년간 매출 증가를 얼마나 확신하냐는 질문에 "매우 확신한다"는 답변이 2017년 51%에서 2018년에는 45%로 하락했다. 글로벌 금융위기 이후 이 비율이 최소 46% 이상을 8년간 유지했다는 점을 고려하면 매우 이례적이다. 현재와 같은 낙관론이 오래 지속되지는 못할 것이라는 심리 상태가 나타난 것이다.

모리츠 회장은 "전 세계 CEO들이 단기적으로는 낙관론을 견지하고 있지만 중장기적으로는 많은 근심거리를 갖고 있음이 드러났다"며 "기술 기반 사회에 적응하기 위해서 무엇보다 교육에 심혈을 기울여야 한다"고 말했다.

IMF도 세계 성장률 전망치 3.9%로 상향조정

IMF(국제통화기금)도 다보스포럼 현장에서 글로벌 경기전망 업데이트를 통해 2018년과 2019년 전 세계 성장률 전망치를 각각 0.2% 포인트 올린 3.9%로 상향조정했다. 크리스틴 라가르드 IMF 총재는 2018년 다보스포럼 개막에 앞서 행사 현장에서 기자회견을 열고 "2017년 10월 제시했던 2018년, 2019년 전망치(3.7%)에서 각각 0.2% 포인트(p)씩 올려 잡았다"고 밝혔다. 라가르드 총재와 함께 기자회견장에 모습을 보인 모리스 옵스펠드Maurice Obstfeld 수석이코노미스트는 "2016년부터 시작된 성장세가 가속화되고 있고 세계 경제는 글로벌 금융위기를 이제 완전히 벗어난 상태"라고 진단했다. 라가르드 총재도 "2016년부터 시작된 글로벌 경제 성장세가 2019년까지 지속될 것으로 보이는 점은 환영할 만한 소식"이라고 했다. 다만 "현 상황에 너무 만족해서는 안 된다"며 지나친 낙관론은 경계했다.

IMF 예측대로 세계 경제가 4%에 가까운 성장세를 경험하게 된다면 이는 7년 만에 가장 양호한 성적이다. 2008년 글로벌 금융위기가 불어닥치자 세계 경제는 이듬해 바로 역성장했다. 2010~2011년에는 전년의 역성장과 그에 따른 침체가 기저효과base effect로 작용해 4~5% 성장한 것으로 나타났다. 하지만 이는 착시에 불과하다는 것을 모두가 알고 있었다. 기저효과란 비교 기준 시점의 상황이 현재 상황과 큰 차이가 있어 결과적으로 해석의 왜곡을 가져오는 현상을 뜻한다. 2009년 세계 경제가 역성장했을 때를 기준으로 놓고 현재를 비교하면 실제보다 경기 상황이 훨씬 부풀려져 보인다. 2012년부터 2017년까지 세계 경제는 내리 6년 동안 3%대 초중반대 성장에 머무르며 사실상 제자리걸음을 했다.

향후 단기 성장세를 견인하는 건 선진국이다. 선진 경제권은 2018년과 2019년 각각 2.3%, 2.2% 성장할 것으로 전망됐다. 이는 2017년 10월 분석 때보다 각각 0.3%p, 0.4%p 높아진 수치다. 신흥국 전망치를 2017년 10월 전망 때와 변동 없이 4.9%(2018년), 5.0%(2019년)로 유지한 것과 비교하면 2017년부터 본격화된 선진국의 성장세가 적어도 단기간에는 상당히 견고한 것으로 볼 수 있다.

선진 경제권 중에서도 대장은 미국이다. 미국은 도널드 트럼프 대통령 집권 이후 야심차게 추진한 세제 개편안(법인세 35%→21%)이 의회를 통과하면서 단기 성장 동력을 상당히 끌어올리는 것으로 분석

• IMF 2018년 1월 세계경제전망 수정 •

경제 성장률	2017년	2018년			2019년		
		17.10(A)	18.01(B)	조정폭 (B−A)	17.10(C)	가격(달러)	18.01(D)
세계	3.7	3.7	3.9	0.2	3.7	3.9	0.2
선진국	2.3(1.7)	2.0(1.7)	2.3(1.9)	0.3(0.2)	1.8(2.0)	2.2(2.1)	0.4(0.1)
미국	2.3	2.3	2.7	0.4	1.9	2.5	0.6
유로존	2.4	1.9	2.2	0.3	1.7	2.0	0.3
독일	2.5	1.8	2.3	0.5	1.5	2.0	0.5
프랑스	1.8	1.8	1.9	0.1	1.9	1.9	0.0
이탈리아	1.6	1.1	1.4	0.3	0.9	1.1	0.2
스페인	3.1	2.5	2.4	▲0.1	2.0	2.1	0.1
일본	1.8	0.7	1.2	0.5	0.8	0.9	0.1
영국	1.7	1.5	1.5	0.0	1.6	1.5	▲0.1
캐나다	3.0	2.1	2.3	0.2	1.7	2.0	0.3
기타 선진국	2.7	2.5	2.6	0.1	2.5	2.6	0.1
신흥개도국 (소비자물가)	4.7(.1)	4.9(4.4)	4.9(4.5)	0.0(0.1)	5.0(4.1)	5.0(4.3)	0.0(0.2)
중국	6.8	6.5	6.6	0.1	6.3	6.4	0.1
인고	6.7	7.4	7.4	0.0	7.8	7.8	0.0
브라질	1.1	1.5	1.9	0.4	2.0	2.1	0.1
러시아	1.8	1.6	1.7	0.1	1.5	1.5	0.0
남아공	0.9	1.1	0.9	▲0.2	1.6	0.9	▲0.7

자료: IMF · 기획재정부(단위: %)

됐다. IMF의 직전 전망에서 미국은 2018년 2.3%, 2019년 1.8% 성장할 것으로 예상됐다. 당시에는 감안하지 않았던 대대적 세금 감면 정책이 현실이 되고, 차차 경제 전체에 스며들 것으로 시나리오가 수정되자 미국의 성장률은 2018년과 2019년 각각 0.4%p, 0.6%p 더 올라간 2.7%, 2.5%를 기록할 것으로 관측됐다.

IMF는 "법인세율 인하와 투자비용 즉시 공제가 투자 촉진으로 이어져 단기적인 경기 부양 효과가 있을 것"이라면서 "여러 불확실성이 존재하긴 하지만(이런 고치는) 2020년까지 미국의 실질 GDP(국내총생산)를 1.2% 올릴 것으로 보인다"고 설명했다.

이 같은 미국의 법인세 인하는 주요 교역 상대국인 캐나다와 멕시코 등에게도 호재로 작용한다. IMF는 멕시코가 미국 내수 확대의 수혜주로 떠오르면서 2018년, 2019년 성장률을 종전보다 각각 0.4%p, 0.7%p 높인 2.3%, 3.0%로 예상했다. 캐나다 역시 성장폭을 0.2%p, 0.3%p 더 키우며 2018년 2.3%, 2019년 2.0% 성장할 것으로 내다봤다. 이에 따라 "미국 감세 효과가 전 세계 경제에 미치는 긍정적 영향은 상향 조정된 성장폭 0.2%p 중 절반에 달한다"고 IMF는 분석했다.

당분간 따스할 것으로 보이는 세계 경제의 발목을 잡을 만한 요인은 예상보다 빠른 선진국의 금리인상 속도와 자국중심주의 정책 심화, 동아시아·중동 등에서의 지정학적 긴장 고조다.

금리인상은 딜레마의 영역이다. 금리는 언제까지나 낮은 수준으로 유지할 수 없는 게 생리다. 세계 경제를 이끄는 선진국에서 기대 이상으로 물가가 오르면 금리를 정책 수단으로 활용해야 하는 국면이 온다. 세계 경기가 계속해서 견고한 흐름을 보이면서 물가가 안정세를 유지한다면 시중에 풀린 돈이 자산 가격 거품을 만드는 등 금융시장의 취약성이 커진다. 결국 관건은 경기를 해치지 않으면서 금리를 적절히 조절하는 것인데, 그 시기를 잡기가 여간 어려운 일이 아니다.

미국은 세제 개편으로 전 세계 경기를 띄우는 데 기여하고 있지만 다른 한편으로는 NAFTA(북미자유무역협정)와 한미 FTA(자유무역협정) 개정을 압박하면서 기존의 무역 질서를 뒤흔들고 있다. '미국에 이익이 되지 않는 양자·다자 협정은 재고해야 한다'는 기조하에 이렇게 움직이고 있는데, 이는 전형적인 자국 이기주의 정책이다. 궁극적으로 성장 동력을 저해할 수 있다는 점에서 이런 자국 이기주의에 기반한 조치는 삼가야 한다는 게 IMF의 견해다.

한반도를 포함한 지정학적 위기는 언제나 경제에 위협적이라는 점에서도 안정적 관리가 필요하다. 또 허리케인, 가뭄, 홍수 등 극심한 기상이변 및 자연재해는 어마어마한 경제적 손실로 직결되고 이민자들을 양산해 정치·사회적 불안을 가중시킬 수 있어 적극적인 대응이 요구된다.

IMF는 정책 권고로 잠재성장률을 제고하기 위한 구조개혁과 '포용적 성장inclusive growth'을 강조했다. 금융시장 복원력resilience을 키우고, 재정건전성 확보 등 중장기 목표도 잊지 말라고 당부했다. 옵스펠드 수석이코노미스트는 "이제 정책결정권자들은 경제 모멘텀을 유지하기 위해 구조조정을 지속하고 경제적 효율성을 높이는 데 집중해야 한다"고 말했다.

보호무역주의,
무역전쟁의 망령

/

미국이 '단 하나의 리더'일 필요는 없다

다보스포럼 참석자들은 반세계화 세력의 보호무역기조가 노골화되는 모양새에 대해 커다란 우려를 표명했다. 실제로 트럼프 행정부가 한국산 세탁기, 태양광에 대해 세이프가드(긴급수입제한) 조치를 내린 데 이어 한국을 포함해 미국에 철강을 수출하는 11개국의 철강수출품에 25%가 넘는 보복관세를 부과하면서 무역상대국들의 거센 반발을 사고 있다. 트럼프 정부가 철강보복관세를 부과하면 중국정부도 보복관세를 매기겠다고 엄포를 놓고 있다. 전 세계적인 무역전쟁의 망령이 수면 위로 모습을 드러내고 있는 셈이다. 다보스포럼 현장에서도 무역전쟁 가능성을 놓고 치열한 설전이 벌어졌다.

트럼프 대통령과 함께 다보스포럼 현장은 찾은 윌버 로스Wilbur Louis

Ross 미국 상무부 장관은 "무역 분쟁은 항상 있어 왔다"며 "현재 우리가 겪고 있는 문제는 잘못된 정책이 누적된 결과"라고 주장했다. 로스 장관은 무역 적자 자체는 존재할 수 있다고 인정하면서도 불공정한 무역을 바로 잡아야 한다는 트럼프 행정부의 입장을 고수했다. 그러면서 불공정 무역을 설명하기 위해 중고차 거래를 예로 들었다.

중고 자동차를 한 대 샀다고 가정해보자. 자동차에 대해 나는 돈을 지불할 것이고 이는 적자로 기록된다. 그러나 내가 멀쩡한 자동차를 받는다면 이는 문제가 없다. 문제는 중고차 딜러가 차량의 실제 주행거리를 속이는 데 있다. 이것이 무역 위험이다. 우리가 무역 위험이 존재한다는 사실을 인정하고 해결을 위해 노력한다면 문제는 해결 가능하다는 것이 로스 장관의 주장이다.

중국에 대해 로스 장관은 "자유무역을 지지한다고 말해왔지만 그러면서도 보호무역의 수호자"라고 평가절하했다. 반면 미국은 관세나 어떤 측면에서 보더라도 보호무역주의와는 거리가 멀다고 강조했다. 중국과 EU가 미국보다 높은 관세를 매긴다는 것이 로스 장관의 주장이다. 그러면서 제2차 세계대전 직후 폐허가 된 유럽과 개발이 절실했던 아시아 등을 도운 것은 미국이었고 미국이 1970년대까지 항상 무역 흑자를 기록했기 때문에 다른 나라를 도울 여유가 있었지만 지금은 상황이 다르다고 진단했다. 과거에는 여러 국가들이 미국의 지원을 필요로 했지만 이제는 중국, 일본, 유럽이 모두 성장한 만큼 미국의 지원을 받을 필요도 없고 때문에 미국에 불리하게 만들어진 무역시스템도 수정되어야 한다는 게 로스 장관과 트럼프 대통령

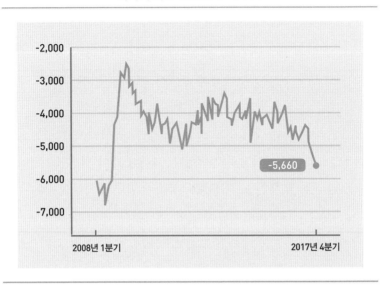

자료: 파이낸셜타임스(단위: 억 달러)

의 시각이다.

엠마 마르체가글리아Emma Marcegaglia Eni SpA 회장은 "효과적으로 기능하지 못하는 기존의 무역 지형에 변화가 필요하다고 생각한다"면서도 "변화는 세계무역기구WTO 안에서 토론을 통해 이뤄져야 한다"고 주문했다. 미국이 일방적으로 주도할 일은 아니라는 지적이다.

세계적인 곡물업체 카길의 데이비드 맥레넌David MacLennan CEO는 "무역전쟁이라는 것이 '자, 우리 전쟁을 시작하자'라는 선언과 함께 본격적으로 시작되는 것이 아니다"라며 "아주 작은 우발적인 사건이 통제를 벗어나 악화되면 그것이 바로 무역 전쟁으로 격화할 수 있다"고

• 대미 무역 흑자국 순위 •

순 위	국 가	2017년
1	중 국	3,752
2	멕시코	711
3	일 본	688
4	독일	643
5	베트남	383
6	아일랜드	381
7	이탈리아	316
8	말레이시아	246
9	네덜란드	245
10	인 도	229
	한 국	229

자료: 파이낸셜타임스(단위: 억 달러)

경고했다. 카길과 같은 농업 관련 기업들은 모두 무역에 크게 의존할 수밖에 없다. 때문에 NAFTA와 같은 협정은 무역에 도움이 됐다는 것이 맥레넌 CEO의 설명이다.

미국의 TPP(환태평양경제동반자협정) 탈퇴는 카길처럼 무역을 많이 하는 미국 기업에게는 분명한 악재라는 말도 덧붙였다. 다만 NAFTA가 벌써 25년이나 됐다는 점에서는 변화의 필요성은 있다고 진단했다. 조항이 신설될 당시의 맥락과 현재의 맥락이 다르다는 점을 고려해야 한다는 주문이다.

빌 윈터스Bill Winters SC은행 CEO에 따르면 중국은 WTO 가입을 시작으로 다자간 무역을 시작하겠다는 의지를 보였고 미국은 지난 수십 년간 다자간 무역의 수호자였지만 현재는 그 역할로부터 발을 조금씩 빼는 모양새다. 중요한 것은 미국은 이러한 다자 무역시장에서 더 이상 '단 하나의 리더'역할을 수행할 필요가 없다는 것이다. 여러 리더들이 모두 나서 각자 역할을 다하는 것이 필요한 시기라는 게 윈터스 CEO의 분석이다. 그러면서 세계 경제는 서로 긴밀히 연결되어 있는데 이 같은 상호연결성을 무시한 채 무역 당사자 일방이 혼자 모든 것을 통제할 수 있다고 믿고 하고 싶은 대로 한다면 이는 상대방의 부정적인 반응을 이끌어 낼 수밖에 없다고 경고했다.

호베르토 아제베도Roberto Azevedo WTO 사무총장도 "최근 몇 년간 세계는 급격히 변화했다. 어떤 나라가 됐든 단 하나의 나라가 유일한 리더의 역할을 하는 시기는 지났다"며 "모두가 연대책임을 져야 한다"고 말했다. 그러면서 가장 중요한 것은 미국과 EU가 서로 밀접하게 협력을 해야 하는 것인데 그렇게 되지 않으면 결국 중국이 글로벌 무역의 기준과 규칙을 세우는 유일한 주체가 될 수 있다고 진단했다.

더 나은 자본주의 위해 장기 전망 필요

기업 소유 구조와 시장 시스템이 기업들로 하여금 근시안적인 목표만을 추구하게끔 만든다는 우려가 제기되고 있다. 경영진과 이사진, 투자자들은 장기적으로 유효한 가치 창출을 위해 어떤 노력을 기울여야 할까.

인드라 누이 펩시코 CEO는 기업은 장기적인 시각을 갖고 운영되어야 하지만, 단기적 수익을 원하는 투자자들이 이에 대해 매우 비판적이고 참을성이 없다는 점을 지적했다. ⓒ세계경제포럼

2001년 노벨경제학생 수상자 조지프 스티글리츠Joseph Stiglitz 컬럼비아대 교수는 "단기적인 효율성이 장기적인 효율성으로 꼭 이어진다고 볼 수 없다"며 "한 미국 대학의 기금 신탁 관리자로 일한 적이 있는데 당시 우리는 장기적인 시각을 취한 결과 아주 높은 수익을 거둘 수 있었다"고 단기적 성과에 집착하는 경영문화에 일침을 가했다.

인드라 누이Indra Nooyi 펩시코 CEO는 "장기적인 시각을 갖고 회사를 운영하는 것이 중요하지만 문제는 단기적 수익을 원하는 투자자들이 이에 대해 매우 비판적이고 참을성이 없다는 것"이라고 지적했다. 분기별 수익을 고려하는 것이 나쁘다는 게 아니라 회사 가치를 분기실

적만으로 파악하는 것은 충분하지 않다. 분기별 보고서에 담아야 할 내용과 장기전망보고서에 담아야 할 내용이 다르다는 것을 이해할 필요가 있다. 양자가 중시하는 포인드가 다르기 때문이다. 투자자들이 이 두 개를 모두 파악하도록 교육하는 것 역시 중요하다. 다만 투자자들이 숫자에 너무 매몰되어 있는 것 역시 문제가 될 수 있다. 재무와 회계가 오히려 기업 가치를 왜곡시킬 수 있다. 재무와 회계방식은 국가마다 기준이 조금씩 다르기도 하다. 그럼에도 투자자들은 단순히 수치만 보고 전략을 세우는 데 수치의 이면을 들여다보는 훈련이 필요하다는 것이 누이 CEO의 주문이다.

변화의 중요성도 강조했다. 변화는 하루아침에 일어나지 않는다. 변화를 위해서는 투자를 해야 하고 제품 포트폴리오도 수시로 바꿔야 한다. 회사 혁신과 올바른 변화를 위해서는 투자자 그룹이 기업에 대해 '올바른' 질문을 하게끔 교육하는 작업도 필요하다. 종종 투자자들은 분기별 수익을 넘어 주당 수익을 묻는 등 단기적 수익에 집착하는 모습을 보인다. 미국 투자자들이 특히 그렇다는 점에 대해서는 많은 고민이 필요하다고 진단했다.

글로벌컨설팅업체 언스트앤영의 마크 와인버거Mark Weinberger 회장도 "투자자들이 집착하는 분기별 재무보고서와 같은 단기적 보고서는 해당 회사의 가치를 모두 보여주지 못한다"며 "브랜드 가치 등 정말 중요한 것은 여기 들어 있지 않다는 점에서 회사가 일을 잘 해내고 있는지를 판단하는 근거가 되지 못한다"고 지적했다. 분기 실적과 숫자만 가지고 해당회사의 가치를 제대로 평가하기 어렵다는 말이다.

그러면서 회사의 장기적 가치를 담아내는 보고서가 존재하지 않는 점을 지적했다. 때문에 회사의 장기적 가치를 포착할 수 있고 그러면서도 투자자, 경영진, 이사들이 모두 합리적이라고 동의하는 수단을 개발해 내야 한다. CEO가 장기적 안목을 갖고 회사를 운영해 나가는 데 대한 합당한 보상 역시 고안해야 한다. 이러한 고려를 통해 분기별 평가에 모두가 매몰되는 현상을 타파할 수 있다는 것이 와인버거 회장의 진단이다.

카를로스 곤Carlos Ghosn 르노닛산 CEO는 "분기보고서, 분기별 비전은 합의된 개념인 반면 장기보고서, 장기적 비전이 무엇인지에 대해서는 사람, 회사마다 다른 의견을 가지고 있다"며 "나만 해도 수년 전과 현재 '장기적'이라는 것이 무엇인지 대한 생각이 다르다"고 지적했다. 얼마만큼이 장기적이고 얼마만큼이 단기적인지에 대한 생각이 기업 상황에 따라 다를 수 있다는 점에서 획일적으로 장기와 단기를 구분하기 쉽지 않다는 것이다. 그렇다고 분기보고서가 중요하지 않은 것은 아니다. 장기적인 결과를 얻어내기 위한 선결조건으로 양호한 분기결과가 필요하기 때문이다.

곤 CEO는 전기차 예를 들었다. 르노닛산은 지난 수년간 전기차에 엄청난 돈을 투자했다. 다른 분야에 투자할 수 있었던 돈을 전기차 개발에 다 집어넣었다는 말이다. 이 대목에서 갈등이 발생하기 시작한다. 투자자들은 과연 우리 회사가 하고 있는 투자가 올바른 것인지에 대한 질문을 던지고 증거를 요구한다. 회사의 분기별 보고서가 그 증거자료로 기능한다. 분기별 결과가 만족스럽지 못하면 반대에 부딪

히게 되고 전기차 개발이라는 장기적 결과에 도달하지 못하게 될 수도 있다는 얘기다.

CEO 임기가 짧은 것 역시 장기적 시각을 키우는 네 걸림돌이다. 미국 CEO 평균 임기는 4~6년인데 기술혁신에 걸리는 시간은 이보다 훨씬 길다. 자율주행자동차의 경우 7~8년, 커넥티드카는 3~4년, 전기차는 7~8년이 소요된다. 장기적 이익을 위한 기술개발에는 시간이 많이 소요되는데 CEO 임기가 짧은 것은 이율배반적인 것이다.

예외적으로 투자자들이 낮은 단기수익을 낸 회사들에 대해 높은 평가를 내리기도 한다. 아마존은 최근 몇 년간 돈을 벌지 못했다. 넷플릭스는 계속 적자 상태다. 이처럼 두 회사 모두 형편없는 단기결과를 냈음에도 주가는 고공행진 중이다.

이와 관련해 스티글리츠 교수는 "투자자들이 회사에 거는 기대의 차이에 따른 것으로 보인다"며 "자동차산업과 전통산업에서 발생하는 혁신보다 인터넷 기업에서 발생하는 혁신이 더 크다고 사람들은 생각한다"고 설명했다. 게다가 시장진입 장벽이 낮은 경우, 저조한 단기실적은 회사가치평가에 큰 영향을 미치지 않는 것이 일반적이다.

와인버거 회장은 "투자자들은 아마존, 넷플릭스, 구글에 투자할 때 즉각적인 수익을 원하는 대신 장기적 기대를 갖고 있다"고 진단했다.

글로벌 빅샷,
이지머니 종언 경고

2008년의 악몽, 10년 주기설의 현실화?

"인플레이션 과속으로 금리가 점프하면 글로벌 주식시장 붕괴를
각오해야 한다(케네스 로고프 하버드대 교수)."

글로벌 빅샷들은 2018년 초 경기 상황에 대해서 높은 점수를 주면
서도 금리 인상 속도와 강도가 세계 경제에 미칠 악영향을 우려했다.
예상외로 유럽 경기까지 살아나면서 2018~2019년 글로벌 경제 성장
전망치가 상향 조정된 데 대해 긍정적인 평가를 내리고 있다. 그러면
서도 다보스포럼 현장에서 글로벌 빅샷들이 강력한 경고장을 날린
것은 2008년 글로벌 금융위기 이후 10여 년간 지속된 장기 저금리 추
세에 길들여진 경제가 걱정스럽기 때문이다. 너무 오랫동안 시장에
대거 풀린 이지머니easy money(이자가 저렴한 자금)를 쉽게 차입해 부채 규

모를 확 키운 상태이기 때문에 시중금리 상승에 따른 금융비용 충격이 생각했던 것 이상으로 크다고 본 것이다. 이 같은 시장 충격 가능성이 상존함에도 시장이 글로벌 경제 순항에만 집중해 금리 상승발 주식시장의 급격한 조정과 또 다른 경제위기 발생 가능성에 대한 전망을 아예 배제하고 있는 것 자체가 대단히 잘못된 상황 인식이라는 판단을 내리고 있다. 10년마다 위기가 반복된다는 '10년 주기설'이 현실화된다면 2008년 사상 초유의 글로벌 금융위기에서 겨우 벗어난 2018년이 또 다른 금융위기 발생의 원년이 될 수도 있다는 점에서 긴장을 늦춰서는 안 된다는 주문이다.

미국 경제 석학 케네스 로고프Kenneth Rogoff 하버드대 교수는 인플레이션 과속 가능성을 글로벌 경제를 혼란에 빠트릴 단초로 꼽았다. 지난 5년간 미국 물가상승률이 연준 목표치인 2%를 밑돌고 있지만 2018년은 다를 것이라는 설명이다. 2018년 미국 인플레이션이 2%를 훌쩍 넘어서면서 시중 금리 상승을 촉발할 것이라는 게 로고프 교수 진단이다. 만약 금리 급반등이 현실이 되면 일본과 이탈리아처럼 성장세가 약하고 정부부채가 많은 나라들은 직격탄을 맞을 것으로 봤다.

로고프 교수는 "2018년 미국 물가상승률이 2%를 넘어설 것"이라며 "(인플레이션 압력에 대처하기 위해) 시장 기대보다 시중금리가 갑자기 더 많이 오를 수 있다는 점에 유의할 것"을 주문했다. 그러면서 로고프 교수는 "(금리가 급등하면) 주가가 붕괴될 것이라는 점을 상상하는 것은 어려운 일이 아니다"라고 경고했다. 그는 "장기적인 저금리 상황에서 전 세계적으로 부채가 큰 폭으로 증가했다"며 "금리가 예상보다 큰 폭으로 높아지게 된다면 (부채 폭탄이 터져) 세계 경제에 가장 큰 위협이 될 수 있다"고 했다.

저금리 때는 관리 가능했던 과도한 부채 위험이 시중금리 상승으로 변곡점inflection point에 놓여 있다는 진단과 함께 또 한 번의 금융위기가 닥친다면 진앙지는 부채 과잉 상태에 있는 중국이 될 것이라고 주장했다.

로고프 교수는 "만약 금리가 큰 폭으로 오르지 않더라도 정상적인 수준의 절반 수준까지만 되더라도 주식시장 붕괴를 목도하게 될 것"이라는 준엄한 경고를 내렸다. 그러면서 "가장 우려스러운 것은 다른 금융위기가 닥칠 경우 '플랜 B'가 없다는 점"이라며 "(이전 금융위기 상황에서) 이미 많은 (경기 진작) 조치를 취했기 때문에 양적완화 등의 조치는 더 이상 작동하지 않을 것"이라고 했다.

로고프 교수는 "과거 금융위기를 겪었던 때와 지금이 다르다고 느끼지 않는다. 우리는 여전히 금융위기에서 빠져나오고 있다"고 지적했다.

사상 최고 수준의 부채 위기 경고

세계 최대 사모펀드 중 하나인 칼라일을 공동 설립한 데이비드 루벤스타인David Rubenstein 회장은 "가장 걱정스러운 것은 정부 부채가 많다는 것"이라고 동조하며 부채 위기 경고론자에 합류했다. 그는 "신흥시장에 4조~6조 달러 규모의 달러표시 기업 부채가 쌓여 있다"며 "현재 약달러 추세가 강달러 기조로 바뀌면 이들 신흥시장에서 문제

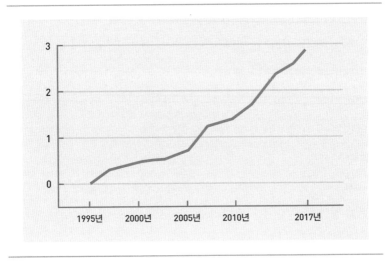

자료: 매일경제(단위: 조 달러)

가 발생할 수 있다"고 걱정했다. 가계 부채는 한국, 캐나다, 홍콩, 프랑스, 스위스, 터키에서 모두 사상 최고 수준이다. 루벤스타인 회장은 "감세 정책으로 기업들이 배당금을 늘리고, 자사주를 취득하고, M&A 활동을 강화하는 등 어느 정도 경기를 끌어올리는 효과로 1~3년 정도는 혜택을 볼 수 있다"면서도 "7~9년 후에는 그에 따르는 비용을 치러야 할 수도 있다"고 경계했다.

도널드 트럼프Donald Trump 미국 정부의 대대적인 감세조치로 재정적자가 천문학적 수준인 1조 5,000억 달러가량 더 늘어날 것으로 미 정부는 보고 있다. 이 때문에 로널드 레이건Ronald Reagan 정부 때처럼 무역적자와 재정적자가 동시에 수직 상승하는 쌍둥이 적자가 재연되어

미 경제 압박을 키울 것이라는 회의론이 적지 않다.

루벤스타인 회장은 또 우리가 예측할 수 없는 지정학적 문제 발생 가능성도 경계했다. 이른바 블랙스완Black Swan이다. 9.11과 같은 테러가 서구 세계에서 발생할 수 있고 러시아가 다른 지역을 침공할 수도 있고 중동이 다시 뜨거워져 전쟁이 발생할 수도 있다는 경고다. 9.11과 같은 사건은 일어날 때마다 미국 경제에 심각한 영향을 미쳤다. 현재도 지정학적 긴장으로부터 어떤 사건이 일어난다면 투자자들은 동시다발적으로 자본을 회수할 것이고 세계경제에 큰 충격을 줄 것이라는 진단이다. 또 새뮤얼 헌팅턴Samuel Huntington이 문명의 충돌을 이야기했지만, 이제는 기술의 충돌 시대라면서 중국의 큰 기술 기업들과 미국의 글로벌 테크 기업 간 싸움이 치열해질 것으로 내다봤다.

라가르드 총재는 3가지 리스크를 우려했다. 첫 번째는 재정취약성 Financial Vulnerability이다. 미국의 감세 조치는 단기적으로는 미국과 다른 국가 경제성장에 긍정적 영향을 미치겠지만 치명적인 리스크로 돌아올 수 있다는 경고다. 감세조치로 유동성 과잉현상이 지속되면 싼값에 빌릴 수 있는 이지머니가 여전히 많아 자산가격 거품을 키울 수 있다. 둘째는 과도한 불평등으로 전 세계 분절 현상을 심화시킬 수 있다는 점이다. 우리가 얻은 성장의 성과를 적절하게 분배하지 않으면 지속 가능한 성장이 이뤄질 수 없다는 지적이다. 셋째는 반세계화와 보호무역 행태로 국제무역이 위축되고 지정학적 갈등이 확대될 수 있다는 점을 꼽았다.

과도한 '안주complacency' 분위기도 리스크

2018년 다보스포럼에 참석한 경제석학과 글로벌 경제 빅샷들이 글로벌 경제와 관련해 "지금은 안도할 때가 아니다"라며 잇달아 경고의 목소리를 높였다. 전 세계 경제가 2018년 가장 강한 팽창 국면에 접어들 것이라는 낙관론이 급속히 확산되던 다보스포럼 현장 분위기에 찬물을 끼얹은 셈이다. 모처럼 다보스포럼 현장에서 글로벌 경제에 대한 장밋빛 전망이 확산됐지만 빅샷들은 이런 분위기 자체가 리스크라고 지적했다. 시장흐름에 과도하게 안주하면 다음 위기에 대한 대비가 느슨해지고 실제 위기가 닥쳤을 때 더 커다란 충격을 받을 수 있기 때문이다.

루벤스타인 회장은 시장에 퍼지고 있는 안도감complacency에 우려를 표명했다. 그는 "대부분의 사람들이 2019년 초까지 리세션(경기침체) 같은 것은 없을 것이라고 생각하는 게 가장 큰 걱정거리"라며 "일반적으로 사람들이 행복감에 젖어 있고 자신감이 넘칠 때 뭔가 잘못된다"고 꼬집었다.

2013년 노벨경제학상 수상자인 로버트 실러 예일대 교수 역시 "현재 우리는 경제 흐름에 안주하고 있다"며 "현시점과 대공황이 시작된 1929년 사이에 잠재적인 유사성이 있다"고까지 주장했다. 그는 주식시장 조정이 1929년 대공황 때 수준은 아니겠지만 상당한 평지풍파를 일으킬 수 있다는 전망을 내놨다.

스테일리 바클레이스 CEO는 시장의 낙관적인 분위기가 가장 최근의 경제위기인 10년 전 글로벌 금융위기 직전의 장밋빛 전망을 생각

2008년 글로벌 금융위기 이후 장기간 저금리가 유지되면서 시장에 너무 많이 풀린 자금이 자산 거품을 만들었다는 경고음이 곳곳에서 들리고 있다.

나게 한다고 경고했다. 또 주식시장은 사상 최고 수준이고 변동성이 사상 최저 수준이라는 점은 장기적으로 지속 가능하지 않다고 지적했다. 스테일리 CEO는 "자산 가격이나 세계 경제성장률이 4%에 육박하는 점을 감안하면 경제적으로 매우 좋은 상황에 놓여 있는 것처럼 보인다"면서도 "우리는 여전히 디플레이션 시대의 잔재물인 통화정책하에 놓여 있는데 금리가 실제로 (위쪽으로) 움직이기 시작하면 자본시장의 대응 여력이 크지 않다"고 강조했다. 금리 상승으로 자본시장이 혼란에 빠질 수 있다는 경고다.

보호무역조치가 세계 경제를 정상 궤도에서 탈선시킬 수 있다는 지적도 나왔다. 트럼프 대통령의 태양광 패널과 세탁기에 대한 관세 부과 결정이 미국 경제에 도움이 되지 않을 것이란 지적이다. 2001년 노벨경제학상을 수상한 스티글리츠 컬럼비아대 교수는 "관세 부과 결정은 글로벌 환경에 나쁜 것이고 미국 경제에도 나쁜 것이며 미국 일자리 창출에도 나쁜 것"이라고 강력 비판했다. 세계 최대 자산운용사 블랙록의 필리프 힐데브란트Philipp Hildebrand 부회장도 트럼프 대통령의 보호무역주의 색채가 강한 무역정책이 글로벌 경제 회복의 가장 큰 리스크라고 지적했다.

제2의 글로벌 금융위기 가능성은?

포춘 2017 세계에서 가장 영향력 있는 여성 리더 47위로 꼽힌 앤 리처즈Ann Richards M&G인베스트먼트 CEO에 따르면 금융위기가 시작되는 원리는 간단하다. 빨리 빌리고 늦게 갚기 때문이다. 레버리지가 과도해지면 문제가 발생할 수밖에 없다. 시장에 많은 조정자들operator이 있지만 다음 금융위기에 어떻게 대응해야 될지는 모른다고 지적했다.

스테일리 CEO는 또 다른 금융위기를 예방하려면 규제 담당자와 학계, 투자 산업, 은행 간 협력을 활용해야 한다고 주문했다. 글로벌 금융위기 발생 직전인 지난 2006년에는 은행이 연방준비제도이사회와 매 분기마다 한 번씩 만났다. 하지만 최근에는 PRA, FCA 관계자들이 항상 은행에 상주하고 있다. 2008년 이전에 규제 담당자들은 그렇게 하지 않았다. 문제가 생기고 나서야 바로잡기 위해 조치를 취했다. 하지만 사전 협력을 강화하면 다음 금융위기를 피할 수 있다는 게 스테일리 CEO의 진단이다.

마이클 코뱃Michael Corbat 씨티그룹 CEO는 과거 대다수 은행은 모든 것을 제공하려 했다고 설명했다. 금융 슈퍼마켓이 되려 한 것이다.

글로벌 금융위기 발생 직전인 2006년, 2007년에 그랬다. 하지만 지금은 다르다. 은행이 기본 업무로 돌아가고 있다는 것이 코뱃 CEO의 설명이다. 2008년 글로벌 금융위기 후 특징은 저성장과 금융규제가 더 많아졌다는 것이다. 오늘날 은행은 인수합병으로 규모와 사업 범위를 넓히기 힘들다. 고유 업무를 통해 규모를 키워나가고 있다. 씨티그룹도 더 많은 일을 하거나 더 많은 국가에 진출하는 대신 본래 업무에서 더 많은 서비스를 제공하는 데 집중하고 있다고 코뱃 CEO는 설명했다.

블룸버그 설문조사에 따르면 중국이 세계 금융시장에 가장 큰 위험요인으로 꼽혔다. 이에 대해 팡 싱하이方星海 중국증권감독관리위원회CSRC 부위원장은 중국은 위험요인이 아니라고 잘라 말했다. 그 이유는 바로 이렇다. 중국 경제가 매우 커졌다. 중국 경제에 나쁜 일이 발생하면 세계경제도 영향을 받을 수밖에 없다. 물론 몇 년 전만 하더라도 중국 부채가 많았고 커다란 문제소지가 될 수 있었다. 하지만 2년 전부터 조치를 취하기 시작했다. 좋은 소식은 2017년 4분기에 최초로 부채 비율 상승이 멈췄다는 것이다. 긴축 조치tightening action의 효과가 나타나고 있는 것이다. 사람들은 중국 부채 비율이 높다고 걱정하지만 중국 경제에서 특정 금융 기관에 나쁜 일이 일어나면 중국 당국은 그 위기를 가두기contain 위해 매우 재빠르게 움직일 것이라는 것이다. 이는 미국 금융위기에서 배운 것이며 어떤 패닉이 일어나든 전체 시스템으로 확산되지 않도록 하는 것이다. 중국 중앙은행과 건전한 초대형 금융 기관이 즉각 개입해서 관리하고 은행 간 대출시장이 얼어붙지 않도록 시스템을 작동시킬 것이라고 전했다. 팡 부위원장은 "이러한 관리는 중국 정부가 굉장히 잘하는 분야기도 하다"며 "위험이 커지기 전에 빨리 움직이는 게 중요하다"고 말했다.

팡 부위원장은 "중국이 깨달은 것은 경제가 커질수록 그리고 국제경쟁력을 갖추려면 중국이 더 개방적이어야 한다는 것"이라며 "2017년 시진핑 국가주석이 다보스포럼 개막식 때 중국이 이런 방향으로 나아가고 있다는 점을 강조했다"고 설명했다. 서비스 시장도 2017년 트럼프가 중국을 방문했을 때 오픈하겠다고 말했다는 게 팡 부위원장의 설명이다.

예측 불가능한
'환율전쟁'의 서막

강달러? 약달러? 통화 움직임에 주목하라

다보스포럼 현장에서 미국 재무장관이 '달러 약세는 미국 무역에 좋다'는 취지의 발언을 한 뒤 달러값이 폭락하자 하루 만에 그의 보스인 도널드 트럼프 미국 대통령은 '우리는 강强달러를 원한다'며 이를 완전히 뒤집는 발언을 했다. 트럼프는 다보스포럼 현장에서 "우리나라가 경제적으로 그리고 다른 모든 방면에서 다시 강해지고 있다"며 "달러도 점점 더 강세가 될 것이고 궁극적으로 내가 원하는 것은 강달러"라고 강조했다.

트럼프 대통령의 강달러 발언은 전날 다보스포럼 기자간담회 자리에서 스티븐 므누신Steven Mnuchin 재무부 장관이 밝힌 '달러 약세 환영' 발언을 하루 만에 뒤집은 것이다. 외환시장은 므누신 장관 발언을 미

악셀 베버 UBS 회장은 기본적으로 환율은 예측 불가능하고, 중앙은행의 정책보다는 지정학적 위험이 환율에 더 큰 영향을 미친다고 말했다. ⓒ세계경제포럼

수출 확대를 통한 무역수지 개선 차원에서 미 정부가 달러 약세를 용인할 것이라는 신호로 해석했고 달러지수가 하루 사이 1% 급락, 3년 내 최저치로 추락했다. 이 때문에 미국을 필두로 전 세계적으로 자국통화약세 유도를 통한 무역전쟁이 촉발될 수 있다는 우려가 증폭되기도 했다. 하지만 트럼프 대통령은 "므누신 장관이 정확히 무슨 말을 했는지 읽어봤는데 발언이 맥락을 벗어나 잘못 해석됐다"고 주장했다. 트럼프 대통령이 므누신 장관의 약달러 발언을 뒤집자 달러값은 다시 가파른 오름세로 돌아섰다. 이처럼 변동성이 큰 금융시장에서 달러와 같은 중요한 통화를 두고 상반되는 취지의 발언을 하는 것은 세계 금융시장에 혼란을 야기한다. 이 때문에 미국 정부가 통화 관련 발언에 있어서 신중함을 기해야 한다는 비판이 다보스포럼 현장에서 나왔다.

어쨌든 트럼프가 강달러를 원한다고 말했지만 내심 미국기업 수출 경쟁력 제고를 위해 약달러를 원하고 있다는 게 다보스포럼 현장 분위기였다. 므누신 재무장관이 무심결에 그 속마음을 내비친 것이라는 진단이다. 이처럼 미국이 기조적으로 달러약세를 원하는 상황이 이어질 것으로 보여 환율전쟁의 서막을 여는 것 아니냐는 걱정이 적지 않다.

사실 자국 통화 움직임은 미국은 물론 많은 국가들의 커다란 관심사다. 통화가치가 수출경쟁력에 직접적인 영향을 미치기 때문이다. 양적완화Quantitative Easing는 세계 환율, 금융시장, 통화정책에 많은 영향을 끼쳤고 현재 세계 중앙은행들은 각기 다른 속도와 단계로 양적완화 축소에 들어간 상태다. 2017년 세 차례나 기준금리를 올리는 등 미 연준이 가장 발 빠르게 긴축모드로 움직이면서 강달러 기조가 완연할 것이라는 예상이 많았지만 뚜렷한 강달러 추세는 나타나지 않았다. 트럼프 정부가 강달러를 원하지 않기 때문 아니냐는 진단이 나오는 이유다.

악셀 베버Axel Weber UBS 회장은 "환율은 예측할 수 없는 것"이라며 "중앙은행 움직임(통화정책)이 세계 금융시장에 영향을 미치는 것보다 오히려 지정학적 리스크가 더 큰 영향을 미친다"고 밝혔다.

세계최대 헤지펀드인 브리지워터 어소시에이츠Bridgewater Associates 창립자인 레이 달리오Ray Dalio CEO는 2018년에는 '통화currency'가 가장 큰 이슈 중 하나가 될 것으로 전망했다. 그러면서 달리오 CEO는 "통화 움직임에 누가 어떤 영향을 끼치는가를 아는 것이 중요하다"며

세계 최대 헤지펀드인 브리지워터 어소시에이츠의 레이 달리오 최고경영자는 2018년 '통화'가 가장 큰 화두가 될 것으로 내다봤다. 그 옆은 주민 전 IMF 부총재. ⓒ세계경제포럼

"미 재무장관과 같은 관련정책 입안자, 중앙은행들의 결정 외에도 포트폴리오 자산운용자도 세계 금융시장에 영향을 미친다"고 설명했다.

고정된 '이코노믹 내러티브'는 없다

칼 마르크스Karl Marx는 1883년에 죽었다. 그때까지 그는 유명한 존재가 아니었다. 그러나 그가 죽은 뒤 그의 삶이 세상에 전해지자 그의 경제적 이론들이 우리 세계에 거대한 영향을 미치게 됐다. 이와 관련해 실러 교수는 "금융위기가 오고 은행들이 연쇄적 부도를 일으키려 할 때 사람들은 더 이상 은행이 부도사태를 맞는 것을 방치해서는 안 된다고 생각했다"며 "경제이론이 아닌 이 같은 사람들의 생각 덕분에 전 세계가 더 심각한 금융위기에 빠지지 않았다"고 강조했다.

타르만 샨무가라트남Tharman Shanmugaratnam 싱가포르 부총리에 따르면 지난 70년간 가장 강력했던 글로벌 단위의 서사narrative는 '다음 세대는 지금보다 더 나은 삶을 살게 될 것'이라는 것이다. 그 전까지는 자신의 부모 세대가 그 이전 세대보다 훨씬 잘살게 된 것을 목격해왔기 때문이다. 그러나 이러한 인식은 깨지기 시작했다. 서구 세계 설문조사에 따르면 60%의 부모 세대가 자신의 자식들이 자신들보다 더 소득이 적을 것이라고 전망하고 있다. 시장에서 성장이 지속되지 않을 것이라는 우려가 커지고 있다. 우파와 좌파의 경제 정책은 제각각 이러한 사람들의 성장 정체에 대한 믿음에 해법을 제시하지 못하고 있다. 우리는 새로운 내러티브가 필요하다. 이를 위해서는 사람에 재투자해야 하고, 혁신에 재투자해야 한다.

사람의 전 생애에 걸쳐 재투자가 일어나야 하고 그들이 혁신하는 세계에 적응할 수 있도록 해줘야 한다. 이는 정치·사회·경제·산업 정책 전 영역에서 함께 일어나야만 한다. 이전까지의 전통 교육 방식이 새로 도래하는 시대에 적절하지 않다고 본다. 이는 새로운 시대가 요구하는 지능과 실습을 제공하지 않는다. 이것은 굉장히 심각하고 근본적인 문제다. 우리가 지금 무엇을 하느냐가 앞으로 미래의 모습을 결정하게 될 것이다.

중국 작가인 하오징팡이 유년시절을 지낸 1980년대는 중국이 빠르게 경제 개혁을 추진하던 때이다. 경제 구조 개혁 부실기업들은 정리되기 시작했고 그곳에서 근무하던 사람들은 일자리를 잃었다. 경제는 부흥했고 이는 경제학적으로 볼 때 좋은 일이었지만 이 과정에서 고통을 겪는 사람들도 나타났다. 중국 정부는 이러한 점들을 인지하고 있고, 따라서 예전만큼 가파른 경제 성장에 조급해하지 않는다고 본다. 미래에 더 경쟁력 있는 서사가 나올 것이라고 믿는다. 왜냐하면 우리의 인간성은 끊임없이 스토리를 찾기 때문이라는 게 하오징팡의 설명이다.

인도중앙은행 총재를 지낸 라구람 라잔Raghuram Rajan 시카고대 교수는 최근 전 세계가 직면한 두 가지 거대한 서사를 강조했다. 먼저 보호무역주의Protectionism가 조금 더 사람들에게 설득력 있게 다가온다는 것이다. 경제학자들로서는 우리가 설명하는 경제학적 모델이 왜 당신에게 이롭고, 또 어떤 것은 잘못됐는지 설명하는 데 어려움을 겪고 있다. 또 다른 하나는 기계의 대체에 관한 것이다. 사람들은 우리가 하는 많은 것들, 그리고 존재 자체가 상당수 기계로 대체될 것이라고 생각한다. 아마 이는 15~20년 내에 현실화될 일인데 문제는 우리는 이에 대한 대처를 거의 하지 않고 있다는 점이다.

흰색
코끼리는 버린다

손실 나는 프로젝트는 더 이상 NO

"이제 우리는 일명 '흰색 코끼리White Elephant'라고 일컬어지는 손실 나는 프로젝트를 더 이상 하지 않습니다."

진리췬金立群 AIIB(아시아인프라투자은행) 총재의 말이다. 2018년 다보스포럼에 참석한 진 총재는 중국이 추진해온 일대일로一帶一路(육상·해상 실크로드) 정책에 어떤 변화가 있었냐는 질문에 이렇게 답했다.

'흰색 코끼리'는 외관은 화려하나 쓸모가 없는 무용지물을 의미하는 단어로 쓰이고 있다. 화려한 외면을 유지하는 데 돈이 많이 들지만 처분하기는 힘든 애물단지란 의미다. 진 총재는 "손실 나는 프로젝트는 공적인 자금에서부터 나온다"며 "몰지각한 정치인들이 자신들의 위대함을 과시하는 꼴"이라고 말했다. 그는 "과시욕에 거대한 장

진리췬 AIIB 총재는 '흰색 코끼리'로 표상되는 겉만 화려하고 실속은 없는 인프라 투자를 하지 않겠다며 중국의 일대일로 정책 변화에 대해 설명하고 있다. ⓒ세계경제포럼

난감을 어른에게 쥐어주는 꼴"이라며 "민간 영역에서는 이런 실수를 하지 않는다"고 말했다. 그간 중국이 양적인 성장에만 급급했던 점을 꼬집은 것이다. 진 총재는 "시진핑 국가주석도 이런 손실을 방지하기 위해서 광범위한 컨설팅을 진행하라고 했다"며 "민간, 공공, 다양한 이해관계자들이 관여하도록 할 것"이라고 말했다. 진 총재는 앞으로 인프라 투자에 있어서 환경 개선 기여도를 중요한 기준으로 삼겠다고 밝혔다.

중국 고위 관료도 양적인 성장에 치중해온 데 따른 부작용이 있음을 자인했다. 팡 싱하이方星海 중국 증권감독관리위원회 부위원장은

"중국이 엄청난 부채를 갖고 있다"며 현 상황을 '회색 코뿔소'에 비유했다. 회색 코뿔소란 예견된 리스크가 눈앞에 다가오고 있음에도 불구하고 적절한 조치를 하지 못해 더 큰 혼란과 손실을 초래하는 상황을 일컫는 용어다. 팡 부위원장은 "(자산 버블이 터지는) 안 좋은 일이 생길 경우, 미국발 금융위기 경험을 살려 패닉 현상이 확산되지 않게 매우 탄력적으로 움직일 것"이라고 말했다.

친환경? 새로운 시대에 진입한 중국의 행보

2018년 개혁·개방 40주년을 맞은 중국이 새로운 시대 진입을 선언했다. 중국 정부 대표격으로 다보스포럼에 참석한 류허劉鶴 공산당 중앙정치국 위원 겸 중앙재경영도소조 판공실 주임이 중국의 지향점을 명확히 밝혔다. 시진핑 국가주석의 절친한 친구로 알려진 인물이다.

류 주임은 "중국 사회정책과 경제구조 개혁을 통해서 양적 성장이 아닌 질적 성장으로 전환이 필요하다"고 말했다. 류 주임은 "중국의 1인당 국민소득이 8,000달러에서 1만 달러로 가고 있는 이 시점이 바로 구조적 개선에 집중해야 할 시기"라고 말했다. 수출 위주의 경제구조를 내수까지 균형을 갖춘 구조로 전환하려는 것도 이런 노력의 일환이다. 류 주임은 소비가 중국 경제에서 차지하는 비중이 58.8%까지 올라왔다고 밝혔다.

그는 이어 "과잉생산, 과잉재고를 제거하는 것이 가장 시급한 과제"라며 "공급 시스템 개혁을 통해 경제의 질적인 성장을 도모하겠다"고 말했다. 철강 등 대표적인 공급 초과 산업 분야에서 합병 등으로 대규모 구조조정을 단행한 것이 대표적인 사례다. 이 밖에도 류 주임은 그림자 금융 퇴출, 빈곤 퇴치, 환경 개선 등을 주요 추진 과제로 꼽았다. 류 주임은 "지난 5년간 전례 없는 강도로 빈곤 퇴치에 나섰고 그 결과 지방 빈곤층 수가 1억 명에서 3,000만 명으로 감소했다"고 말했다.

진 총재와 마찬가지로 류 주임도 '친환경'을 키워드로 들고 나왔다. 실제 실천 여부와 무관하게 중국이 이런 방향성을 제시한 것 자체가 새로운 이정표를 향해 가고 있음을 의미한다. 류 주임은 "중국은 환경오염과 공해에 맞서나가겠다"며 "저탄소 녹색성장은 중국뿐 아니라 전 세계 모두가 원한다"고 말했다.

진화하는 일대일로一帶一路 정책

렌훙빈 중국기계공업그룹SINOMACH 회장은 일대일로 정책과 관련 "단순한 인프라 프로젝트가 아니다"라며 "보다 포용적인 세상을 만드는 데 필요한 필수 엔진"이라고 말했다.

거화용 유니온페이 회장은 중국 경제매체 차이신이 다보스포럼에서 개최한 간담회에 참석해 중국이 거스를 수 없는 새로운 개혁의 파도에 올라탔다고 평가했다. 거 회장은 "개혁·개방 40년 만에 1인당 소득이 400달러에서 1만 달러 수준으로 증가했고 중국인 1명당 4개꼴로 신용카드 보급이 될 정도로 개혁·개방 정책은 성공을 거두었다"고 말했다. 그는 "모바일결제 시장은 이미 중국이 압도적인 세계 1위를 차지하는 등 이제 선도자로 나서고 있기 때문에 중국이 새로운 개혁 모델을 선보이게 될 것"이라고 말했다.

보호무역주의 논란은 다보스포럼에서도 뜨거운 감자로 다뤄졌다. 때마침 미국이 한국과 중국산 세탁기 등에 대해 '세이프가드(긴급수입제한조치)'를 발동했기 때문이다. 마윈 알리바바 회장은 "무역을 무기로 써서는 안 된다"며 "무역전쟁을 일으키는 것은 매우 쉽지만 이런 전쟁의 재앙을 중단시키는 것은 더욱 어렵다"고 말했다. 마 회장은 "무역을 중단하는 것은 불가능하다"며 "세계는 무역이 필요하며, 무역이 중단되면 전쟁이 시작되는 것"이라고 말했다. 마 회장은 더 나아가 "다른 나라를 (무역 관련) 제재하면 모든 소상공인, 젊은이를 제재하는 것이나 다름없다"며 "여기저기 폭탄을 떨어뜨리는 것"이라고 맹비난했다.

한국 경제에 대한
다보스의 경고

4차 산업혁명시대, 한국의 인적자원 경쟁력은?

4차 산업혁명시대를 맞아 인공지능, 블록체인, 자율주행차 등 갖가지 신기술이 각광받고 있다. 이런 신기술을 상상에서 현실로 만들어 일상생활에까지 응용하는 일은 결국 '사람'이 한다. 우수한 인재를 스스로 육성하는 것에 더해 외부에서 끌어모을 수 있어야 도시와 국가가 발전하고 결국 경쟁에서 살아남을 수 있는 것이다.

해마다 열리는 다보스포럼 현장에서는 세계 주요 국가와 도시의 인적자원 경쟁력을 평가한 보고서가 발표된다. 유럽 명문 경영대학원 인시아드INSEAD와 스위스계 세계 최대 인력 공급 업체 아데코 ADECCO는 기자회견을 열고 '세계 인적자원 경쟁력지수The Global Talent Competitiveness Index, GTCI 2018'을 공개했다.

경직된 노사관계는 한국 경제의 경쟁력을 갉아먹는 대표적인 위험요인이다.

한국의 인적자원 경쟁력은 1년 사이 소폭 퇴보한 것으로 조사됐다. 2017년보다 더 낮은 점수(55.89점→55.57점)를 받았고, 국가 간 순위에서도 한 단계 밀리며 30위로 떨어졌다. 다만 도시 기준 인적자원 경쟁력에서 서울이 조사 대상 90곳 가운데 18위에 오르며 국가 전체 인적자원 경쟁력보다 상대적으로 나은 성적표를 받았다.

한국의 인적자원 경쟁력은 최근 수년째 30위 안팎에서 등락을 반복하며 좀처럼 상위권으로 치고 들어가지 못하고 있다. 한국은 2014년 첫 조사에서 29위에 위치한 뒤 2015~2016년 37위로 주저앉았다. 2017년 29위로 반등했지만 2018년 다시 순위가 내려가며 4차 산업혁명 시대를 주도할 인적자원 경쟁력에서 세계 11위의 경제 규모에 걸맞지 않은 평가를 받은 것으로 나타났다.

한국의 경쟁력을 갉아먹는 요인은 특유의 적대적 노사관계였다. 한국경제 최대 아킬레스건인 노동시장 경직성과 전투적 노사문화 탓에 4차 산업혁명을 이끌어갈 한국의 인재경쟁력이 퇴보하고 지속 가능성 지표도 뒷걸음질 치고 있다는 지적이다. 한국경제가 다보스의 경고를 받은 셈이다. 노사 협력 지표가 조사 대상국 119개국 중 116위로 꼴찌 수준이어서 충격을 줬다. 노동유연성도 낙제점 수준이었다. 채용과 해고를 얼마나 자유롭게 할 수 있는지에서 한국은 각각 69위, 63위에 머물렀다. 전체적인 시장·사회의 외부 개방도에서도 67위에 그쳤다. 흔히 "개천에서 용 난다"는 표현으로 대변되는 사회계층 이동성 역시 94위로 크게 밀리며 사회 전체적으로 경직성이 커지고 있는 것으로 드러났다.

인시아드·아데코는 한국 인적자원 경쟁력과 관련해 정보통신기술 ICT 기반 시설이나 고등교육 이수도, 시장 여건 등에서 세계 3위권으로 높이 평가했다. 그러나 세계적인 인재를 유치하기 위한 전반적 매력도를 81위로 보며 이 분야에서 개선이 필요하다는 의견을 밝혔다.

한국을 제외한 동북아시아 이웃들의 인적자원 경쟁력은 개선 추세를 보였다. 중국은 1년 동안 경쟁력 순위를 11계단이나 높이며 43위에 올랐다. 일본 역시 2017년 22위에서 2018년 20위로 상승했다.

인적자원 경쟁력이 가장 높은 국가는 2017년에 이어 2018년에도 스위스다. 싱가포르 역시 2017년과 마찬가지로 전체 2위, 아시아 1위를 지켰다. 미국과 노르웨이, 스웨덴, 핀란드, 덴마크, 영국, 네덜란드,

룩셈부르크가 뒤이어 10위까지 차지했다. 삶의 질이 높은 것으로 정평이 난 북유럽 국가들이 인적자원 경쟁력에서도 멀찍이 앞선 것으로 조사됐다.

서울, 도시별 인적자원 경쟁력 18위

2017년부터 조사하기 시작한 도시별 인적자원 경쟁력 순위에는 서울이 2018년 처음으로 포함되자마자 전체 조사 대상 도시 90개 중 상위권인 18위를 차지했다. 특히 연구개발R&D 투자와 인터넷 등 ICT 접근성, 소셜네트워크SNS 사용도에서 각각 96.3점, 100점, 81.2점을 받으며 세계 최고 수준을 자랑했다.

그러나 상위 50개 도시 중 서울보다 자연환경 점수가 낮은 곳은 없었다. 미세먼지 탓에 악화된 대기질 등이 좋지 못한 결과가 나오는 데 영향을 미친 것으로 분석된다. 전체적인 삶의 질에서도 서울은 60점대로 상위 20개 도시 가운데 최하위였다.

도시 인적자원 경쟁력 1위도 스위스가 차지했다. 경제·금융·산업의 중심이자 스위스에서 가장 큰 도시인 취리히가 전 세계 90개 조사 대상 가운데 유일하게 70점을 넘기며 가장 경쟁력이 높은 도시로 조사됐다. 스웨덴의 수도 스톡홀름, 노르웨이 수도 오슬로, 덴마크 수도 코펜하겐, 핀란드 수도 헬싱키가 이어 5위까지 차지해 북유럽 강세가 도시별 경쟁력에서도 재확인됐다. 아시아에서 서울보다 경쟁력이 높은 도시는 일본 도쿄로 12위에 올랐다. 싱가포르는 도시 자체가 하나의 국가라 도시 평가에는 포함되지 않았다.

인시아드·아데코는 높은 인적자원 경쟁력을 갖추기 위한 요건으로 크게 네 가지를 제시했다. 우선 기업이 필요한 인재를 키워내는 교육 제도가 필요하고, 규제 환경을 친기업적으로 설정하라고 조언했다. 노동 유연성과 사회 안전망을 동시에 적절한 수준으로 유지하고, 대내외적으로 개방적인 태도가 필요하다고도 했다.

2018년 인적자원 경쟁력 조사의 또 다른 특징은 '다양성'이 강조됐다는 점이다. 인적 구성의 다양성을 확보하는 것은 때로는 사회 통합을 저해하고 관리 비용을 증가시킨다. 그러나 인시아드·아데코가 실증 연구를 바탕으로 확인한 바에 따르면 성별·인종에서 다양성을 확보한 기업이 대체로 더 큰 매출을 올리고, 더 많은 고객을 보유하고 있었다. 이에 따라 상대적으로 이익도 더 많이 냈다고 한다.

조사를 주도한 폴 에반스Paul Evans 인시아드 교수는 "인적자원 경쟁력 향상의 핵심은 성별, 인종, 사회·경제적 배경 등에서의 '다양성'을 확보하는 것"이라고 말했다. 도시 경쟁력에서 5위를 차지한 핀란드 헬싱키의 피아 파카리넨Pia Pakarinen 부시장은 기자회견에 직접 참석해 "헬싱키는 다양한 사회·경제적 배경을 지닌 아이들에게 함께 가르치는 전통이 있다"며 "각자의 모국어는 물론 다른 아이들이 쓰는 언어, 여러 종교에 대해서도 가르치고, 이런 교육을 통해 사회 계층 이동의 기회를 제공하고 있다"고 했다.

15% 최저임금 인상 = 10% 이상 실업률?!

"가파른 최저임금 인상조치로 일자리만 날린 프랑스의 교훈을 되새겨볼 필요가 있다."

다보스포럼 현장에서 글로벌 유력경제지 파이낸셜타임스FT의 존 리딩John Ridding CEO는 최저임금 대폭 인상 등 소득주도 성장을 추진하고 있는 한국정부에 프랑스의 교훈을 곱씹어 볼 필요가 있다고 조언했다.

리딩 CEO는 "나는 유연한 노동시장을 절대적으로 신뢰한다"며 "최저임금을 너무 가파르게 올릴 때 경험할 수 있는 위험은 프랑스 사례를 보면 쉽게 알 수 있다"고 말했다. 리딩 CEO는 "(최저임금 큰 폭 인상 후) 실제로 고통을 받은 계층은 사회적 약자인 저소득층이었다"며 "(인건비 부담 때문에) 업주들이 해고를 늘리면서 일자리를 찾을 수 없었기 때문"이라고 강조했다.

사회적 약자를 보호하기 위해 프랑스 정부가 취한 친노동·친서민 정책이라는 선의가 최저임금 인상에 별다른 영향을 받지 않는 기득권 입지는 강화시켜준 반면 오히려 사회적 안전망에서 소외되어 있는 저소득 취약계층의 생존을 위협하는 부메랑으로 돌아왔다는 설명이다. 그러면서 리딩 CEO는 "프랑스는 아주 경직된 노동시장 구조 탓에 너무나 많은 기회를 잃었다"고 꼬집었다. 일본 최대 경제신문인 닛케이 그룹의 기타 쓰네오喜多恒雄 회장도 "2018년 한국정부가 최저임금을 16.4% 올렸는데 우리가 볼 때는 엄청난 오름폭"이라며 부담스러운 수준이라는 진단을 내놨다.

순 위	국 가	전년 대비 등락
1	스위스	-
2	싱가포르	-
3	미 국	▲1
4	노르웨이	▲6
5	스웨덴	-
...		
9	일 본	▲2
...		
30	한 국	▼1
...		
52	중 국	▲11

자료: 인시아드·아데코

지난 1981년 프랑수아 미테랑François Mitterrand 프랑스 대통령은 집권하자마자 급진적 사회주의 정책을 쏟아냈다. 이중 최저임금 15% 인상도 있었다. 2018년 한꺼번에 최저임금을 16.4% 큰 폭 올린 한국 상황과 판박이었다. 하지만 미테랑 정부의 두 자릿수 최저임금 인상은 실업률이 심리적 저항선인 10%를 훌쩍 넘어서는 단초가 됐다. 이 때문에 프랑스 경제 재건을 공약으로 2017년 집권한 마크롱 프랑스 대통령은 대대적인 노동시장 유연화 개혁을 추진하고 있다. 기업이 채용과 해고를 보다 자유롭게 할 수 있도록 허용하고 노조 권한 축소에 나섰다. 이를 통해 적자가 나지 않더라도 정리해고가 가능하도록 관련 법 규정을 바꿨고 자금난을 겪고 있다는 증명 없이도 구조조정을 할 수 있도록 했다.

연간 3조 원에 달하는 이익을 올리는 프랑스 최대 자동차 제조업체 푸조시트로앵그룹PSA이 2018년 1월 직원 2,200명을 내보내기로 한 것은 개정 노동법에 따른 정리해고 첫 사례다.

부의 독점보다
'포용적 성장'

'포용적 개발 지수IDI'로 보는 지속가능 성장성

'포용적 성장Inclusive growth'은 '양적 성장이 삶의 질 향상을 담보하지 않는다'는 반성에서 등장한 개념이다. GDP(국내총생산)가 커져도 개개인이 올리는 소득과 사회·경제적 안정감이 크게 나아지지 않고 도리어 계층 간 빈부격차가 커지는 등 불평등이 확대되는 형태로 자본주의는 약점을 노출했다.

상위 계층이 부를 독점하는 사회가 되면 성장의 동력이 떨어진다. 결국 총수요가 감소하는 상황에 처해 전체 사회·경제의 지속 가능성이 약해지는 것이다. 정부가 부자들에게 더 많은 세금을 거둬 취약계층에게 혜택을 주는 '소득 재분배' 정책을 시행하고 있지만, 성장 동력을 끌어올리기에는 턱없이 부족하다는 게 다수 전문가의 공통된

• 포용적 개발 지수 선진국 순위 •

순 위	국 가	포용적 개발 지수	5년간 추이
1	노르웨이	6.08	-0.77
2	아이스란드	6.07	12.58
3	룩셈부르크	6.07	0.15
4	스위스	6.05	1.92
5	덴마크	5.81	4.76
6	스웨덴	5.76	0.48
7	네덜란드	5.61	0.43
8	아일랜드	5.44	0.28
9	오스트레일리아	5.36	0.46
10	오스트리아	5.35	-0.17
11	핀란드	5.33	-2.92
12	독 일	5.27	1.72
13	뉴질랜드	5.25	1.04
14	벨기에	5.14	0.24
15	체코 공화국	5.09	2.88
16	한 국	5.09	2.20
17	캐나다	5.06	0.29
18	프랑스	5.05	-0.55
19	슬로베니아	4.93	-2.39
20	슬로바키아	4.90	1.49
21	영 국	4.89	0.42
22	에스토니아	4.74	1.77
23	미 국	4.60	1.62
24	일 본	4.53	1.14
25	이스라엘	4.51	3.57
26	스페인	4.40	-2.12
27	이탈리아	4.31	-1.69
28	포르투갈	3.97	-1.42
29	그리스	3.70	-1.69
N/A	싱가포르	N/A	N/A

자료: PwC 글로벌 CEO 서베이

견해다. IMF(국제통화기금), OECD(경제협력개발기구), ILO(국제노동기구) 등 유력 국제기구에서 수년째 포용적 성장을 강조하는 이유도 여기에 있다.

다보스포럼도 자본주의의 약점인 양극화, 승자 독식의 약탈적 경제 구조에 문제의식을 갖고 2017년부터 '포용적 개발 지수the Inclusive Development Index, IDI'를 발표하고 있다. 2018년 한국은 29개 선진국 가운데 16위를 기록했다. 아시아 국가 중 한국과 함께 선진국으로 분류된 일본(24위)보다는 앞선 성적표지만, 2017년 첫 발표 때보다는 두 계단 밀리며 한국의 지속가능한 성장성은 상대적으로 퇴보한 모습이다. 바닥 수준에 머물고 있는 노동생산성이 한국의 지속가능 성장성을 갉아 먹었다. 실제로 노동생산성은 29개국 중 24위에 그쳤다.

노동시장 유연성과 노동 생산성의 문제

특히 앞으로의 국내 노동시장 전망도 긍정적이지 않다는 점에서 특단의 정부 대책이 필요하다는 진단이다. 문재인 정부 들어 전 세계적인 노동시장 유연성 강화 흐름과 배치되는 노조편향적인 정책을 잇달아 내놓으면서 노동계 촛불 청구서 요구가 더 거세지는 등 노사 관계는 오히려 후퇴하고 있기 때문이다.

5,000만 명이 넘는 인구의 14%가량이 중위 소득의 절반에도 미치지 못하는 등 빈곤 문제 역시 심각한 것으로 드러났다. GDP 대비 이산화탄소 배출량을 뜻하는 탄소 집중도 27위, 사실상 최하위권에

머물러 원전 등 탄소 배출이 적은 에너지원을 현명하게 활용해야 할 필요성이 여전한 것으로 나타났다. 한국은 세대 간 갈등이나 형평도에서는 노르웨이, 룩셈부르크 다음으로 높은 점수를 받았다. 공공 부채 수준이나 저축률도 선진국 중 가장 양호한 것으로 평가받았다.

IDI 최상위 국가는 노르웨이(6.08)다. 간발의 차로 아이슬란드, 룩셈부르크(각각 6.07)가 2위와 3위에 올랐고 이어 스위스, 덴마크, 스웨덴 등의 순이었다. 호주(9위)를 제외한 10위까지 최상위권은 전부 유럽의 작은 국가들이 차지했다. 2017년에도 1위는 노르웨이였고, 룩셈부르크 스위스 아이슬란드 덴마크가 뒤를 이었다.

2년 연속 1위에 오른 노르웨이는 1인당 GDP가 2위, 노동생산성은 4위다. 고용률도 5위로 소득 불평등도가 29개 선진국 가운데 두 번째로 낮다. 노르웨이는 연금이나 교육 제도, 공공 주택 등 사회 안전망이 잘 갖춰져 있다. 부동산이 부의 상징처럼 인식되어 축적의 대상으로 전락한 한국 사회와는 전혀 다르게 국가가 이를 사회 안전망을 짜는 데 하나의 요소로 편입시키고 전반적인 불평등을 줄이는 데 활용하고 있다.

IDI 순위, 영미권은 저조하고 신흥국은 상승

자본주의가 태동하고 성숙도가 가장 높은 영미권의 성적이 비교적 저조하다는 점도 흥미롭다. 자본주의가 발전하면 할수록 부작용도 더 크게 나타나고 있는 것으로 볼 수 있다.

영국은 선진국 중 IDI 21위에 그쳤다. 1인당 GDP, 노동생산성, 소득 불평등도, 부의 불평등도, 공공 부채 등 12개 세부 지표에서 하위 40%에 속했고, 지축률은 하위 20%였다. 특히 부의 불평등도는 지난 5년간 지속적으로 상승했다.

미국은 전체 23위로 영국보다 더 쳐져 있다. 조금 사정이 나아지긴 했지만 여전히 전체 인구의 16.3%가 빈곤에 시달린다. 이는 선진국 중 이스라엘(19.3%) 다음으로 가장 높은 비율이다. 중위 가계소득은 증가하기는커녕 감소했다. 전반적인 경제적 불평등도 또한 상승했다.

트럼프 행정부가 대대적인 감세안을 발표하면서 재계의 큰 환영을 받았지만, 역기능도 분명히 존재한다. 세계경제포럼은 트럼프 감세안에 대해 "공공 부채 규모를 키우고 승자 독식, 부익부 빈익빈을 심화시킬 수 있어 장기적으로 사회·경제적 불평등이 커질 우려를 낳는다"고 지적했다.

신흥국 가운데서는 리투아니아, 헝가리, 아제르바이잔, 라트비아, 폴란드 순으로 지속 가능한 성장을 위한 준비가 잘되어 있었다. 조사대상 74개 신흥국 중 아시아에서는 말레이시아(13위)가 가장 순위가 높았고, 태국이 17위, 중국이 23위였다. 베트남은 33위, 방글라데시 34위, 인도네시아 36위, 필리핀이 38위를 기록했다.

세계경제포럼은 "GDP 성장도 필요하지만 GDP 외 지속 가능한 성장을 뒷받침하는 여러 분야가 함께 성장해야 한다"고 주문했다.

국가·가계부채 사상 최고
거품 터지면 통제 불능

— 존 리딩 파이낸셜타임스 CEO, 기타 쓰네오 닛케이 회장, 장대환 매경미디어그룹 회장

"글로벌 경제 최대 리스크는 저금리 장기화로 축적된 거품이 붕괴될 수 있다는 점이다."

세계적인 경제 유력지 파이낸셜타임스를 이끄는 존 리딩 CEO의 경고다. "2018년 다보스포럼 현장에서 글로벌 경제를 바라보는 전반적인 분위기가 낙관 일색인데 글로벌 경제를 어떻게 보느냐"는 질문에 리딩

CEO는 "단기적으로 앞으로 2년간은 글로벌 경제가 좋을 것으로 보고 있다"면서도 "다만 경제에 충격을 줄 수 있는 2가지 리스크가 걱정스럽다"고 밝혔다.

리딩 CEO가 지목한 2개 리스크는 먼저 전 세계적으로 저금리 현상이 장기화되면서 거품이 커지고 있다는 점이다. 금리 상승으로 자산 거품이 터지면 통제하기 어려운 상황이 올 수도 있다는 분석을 내놨다.

또 다른 한 가지는 전 세계적으로 국가·가계 부채가 사상최고 수준으로 확대된 상황이라는 점이다. 금리가 오르기 시작하면 과다 부채국가와 가계가 커다란 어려움을 겪을 수 있다고 리딩 CEO는 우려했다.

다음은 리딩 CEO와 일본의 최대 경제경제지 일본경제신문을 발행하는 닛케이 그룹의 기타 쓰네오喜多恒雄 회장과의 인터뷰 주요 내용이다.

— 도널드 트럼프 미국 대통령이 다보스포럼에 참석해 폐막 연설을 할 예정이다. 트럼프 대통령은 성장세가 빨라지는 미국 경제와 연일 사상 최고치를 경신하는 주식시장 랠리를 대대적으로 홍보할 것으로 보인다. 대대적인 감세정책으로 미국 경제가 더 좋아지면 세계경제도 호황을 맞을 것이라는 진단을 내놓을 것이라는 게 대체적인 분석이다.

존 리딩 CEO 트럼프 대통령이 강한 미국 경기 회복세와 주식 랠리를 모두 자기 공적이라고 말하겠지만, 그렇게 보기는 힘들다는 게 내 생각이다. 경기가 좋은 곳은 미국뿐만이 아니다. 전 세계 다른 나라 경제도 순항하고 있다. 또 그동안 국제 경제뉴스를 쭉 봐온 사람이라면 미국 경제가 버락 오바마 전 대통령 때부터 살아나는 분위기였다는 점을 잘 알고 있을 것이다.

트럼프 대통령 때문이 아니라 이전의 경기 회복 흐름이 이어지고 있다고 보는 게 더 적절하다. 랠리를 거듭하고 있는 주식시장도 마찬가지다. 트럼프 대통령은 운 좋게도 경기가 회복되는 올바른 시점에 타이밍 좋게 그 자리에 있는 정도로 해석하는 게 맞다.

예상대로 트럼프 대통령은 다보스포럼 폐막연설에서 자신의 공을 강조했다. 그는 "당선 이후 240만 개의 일자리를 창출했고, 중소기업의 낙관적 경기 기대감이 역대 최고조 수준"이라고 자랑했다.

"애플이 2,450억 달러의 해외 현금성 자산을 미국 본토로 이전하기로 했다"고 말하면서 법인세 감세 효과 덕이라고 주장했다. 다만 애플은 이에 대해 "감세가 아니더라도 계획되어 있었던 일"이라는 취지로 반박했다.

**– 그래도 감세와 대대적인 탈규제 등 기업친화적인 조치는 평가해줄 만하지
않나?**

존 리딩 CEO 그렇다. 트럼프 대통령이 의회에 통과시켜 거둔 유일한 성
취라면 절반 수준으로 내린 법인세(35→21%) 등 대폭적인 감세조치 내
용을 담은 세제개편안 정도일 것이다. 하지만 세제개편안이 효과를 내
는 데는 상당한 시일이 소요되고 대규모 재정적자 확대가 불가피해 실
제로 미국 경제에 긍정적인 효과를 가져올지 확신하기 힘들다. 오히려
미국 감세정책의 부정적 영향이 불거질 수 있다.

로널드 레이건 시대에 겪었던 것처럼 무역적자와 재정적자가 눈덩이
처럼 늘어나 미국 경제를 압박하는 '쌍둥이 적자' 가능성을 경계해야 한
다. 항상 얘기하는 게 세금을 감면하면 경제가 빨리 성장해서 세수 부
족분을 충분히 메울 수 있다고 하지만 그게 말처럼 쉬운 게 아니다.

쌍둥이 적자는 1980년대와 2000년대 초에 문제된 바 있다. 트럼프 대
통령의 정책 기조와 마찬가지로 레이건 대통령은 경기 회복을 위해 대
대적인 세금 감면 정책을 추진·시행했다. 레이거노믹스의 핵심이었던
감세는 재정적자를 심화시켰다.

금리 인상이 동반되면서 달러 가치가 상승해 무역적자마저 키웠다.
현재 트럼프 정부가 마주한 상황은 1980년대 레이건 시대와 유사하다.

경기 회복이 본격화되면서 미국의 중앙은행인 Fed(연방준비제도이사회)는 서서히 금리를 올리고 있다. 달러 가치가 상승하고 있다는 뜻이다.

　당시와 지금이 다른 점은 레이건 정부는 방위비 등 정부 재정 지출을 줄이는 정책을 썼지만, 트럼프 정부는 도로 등 사회 기반 시설 투자를 늘리는 기조를 갖고 있다는 점이다. 감세로 당장 세수가 줄어들 우려가 큰 데도 재정 지출을 줄이지 않고 도리어 늘리면서 재정에 부담을 더 키우는 것이다. 대대적인 감세 조치의 배경에는 '경제에 활력을 불어넣고 전체 파이를 키우는 결과를 가져 올 것'이라는 기대감이 깔려 있다. 그러나 예상대로 경기가 흘러가지 않는다면 세수 감소에 따른 타격은 결국 온 국민이 입는 꼴로 나타날 수밖에 없다. '낙수 효과'가 과거와 달리 크지 않은 지금의 자본주의 형태라면 일부만 감세 혜택의 과실을 따먹고, 다수 일반 대중은 피부로 느끼지 못한 채 고통에 놓이게 될 수 있다.

– 일본 경제도 회복되고 있는 것 같다.

기타 쓰네오 회장　일본 경제가 굉장히extremely 좋다고 말할 수는 없지만 괜찮은 상황이 이어지고 있다고 볼 수 있다. 실물경제의 거울이라는 닛케이지수도 1991년 이후 27년래 최고치를 기록하고 있다. '아베노믹스'가 표면적으로 성공하고 있는 것처럼 보인다. 다만 고령화 등 인구 감소는 일본 경제에 두고두고 골칫거리가 될 것이다.

존 리딩 CEO　영국 경제는 브렉시트(영국의 유럽연합 탈퇴)를 둘러싼 불확실성이 여전히 발목을 잡고 있다. 브렉시트 전까지만 하더라도 영국은 경제협력개발기구OECD 회원국 중 가장 빨리 성장하는 국가였다. 그런데 브렉시트 이후에는 가장 성장이 저조한 국가가 됐다.

실업률은 낮은 편에 속하지만, 사회기반시설이 낡고 망가지고 있으며 운용이 쉽지 않은 경제로 바뀌고 있다. 리더십 공백이 영국의 모든 것을 마비시키고 있다.

– 브렉시트 찬반을 위한 국민투표를 다시 한 번 해야 하는 것 아닌가?

존 리딩 CEO 그것도 선택지 중 하나라고 본다. 또 한 번 국민투표를 하거나 의회에서 투표를 해야 할 것 같다. 사실 브렉시트 결정에는 두 가지 아이러니가 담겨 있다.

첫째는 과거 대단한 무역국가였던 영국이 대외 교역 분야에서 스스로에게 해를 끼치는 결정을 했다는 것이다. 둘째는 의회민주주의를 탄생시킨 게 영국인데, 브렉시트처럼 수세대에 영향을 줄 가장 큰 결정을 의회가 정하지 않고 국민투표로 결정했다는 점이다.

현재 영국은 역사상 아주 이상한strange 시기라고 본다. 내 기억으로는 한 국가가 정당한 이유 없이 스스로에게 이렇게 커다란 해악을 끼치는 결정을 한 예가 없었던 것 같다. 자해self-damage를 한 것이다. 일부분은 언론에도 책임이 있다고 생각한다. 뉴스는 정치적 토론의 질을 좌우해왔다. 최근 자극적인 기사와 가짜뉴스가 난무하면서 뉴스 질이 떨어지고 있다.

– 몇몇 정치인은 언론을 피해 가고 언론을 없애려고도 한다.

존 리딩 CEO 트럼프 대통령이 바로 그렇게 하고 있다.

– 아베 신조 일본 총리가 평창동계올림픽에 참가하기로 했다. 좋은 소식인데 이 것을 계기로 한일이 더 큰 협력을 할 수 있으면 좋겠다.

기타 쓰네오 회장 문재인 대통령과 아베 총리가 평창에서 정상회담을 하 는 것 같다.

아베 총리는 평창동계올림픽 개막식에 참석해 일본 선수단을 응원했 다. 이후 문재인 대통령과 정상회담을 하고 동북아 외교안보 상황과 위 안부 문제 등 한일 양국이 접점을 갖고 있는 여러 가지 현안에 대해 의 견을 교환했다.

– 트럼프 대통령과 아베 총리는 북한 정권에 대해 한국보다 더 강경한 태도를 보이고 있다.

존 리딩 CEO 최근 북한의 유화 조치는 트럼프 대통령의 광적 언행이 실제로 먹혀들고 있다는 증거가 아닌가 싶다. 트럼프 대통령과 김정은 위원장은 예측 불가능하다는 공통점을 가지고 있다. 현 시점에서 김정은 위원장이 가장 협상하기 힘든 사람이 바로 미국 대통령이다.

내 생각에는 이번에 김정은이 정말로 위협을 느낀 것 같다. 트럼프 대통령이 김정은 참수 작전 얘기를 해왔다. 그게 정말로 김정은을 겁에 질리게 한 게 아닐까 생각한다. 또 김정은이 핵무기 개발을 거의 끝냈기 때문에 미국이 자기를 공격할 수 없다고 편안하게 생각하는 측면도 있다.

기타 쓰네오 회장 나는 여전히 북한이 핵무기 개발을 완성했다는 것을 믿기 힘들다. 대기권으로 다시 진입할 때 핵탄두를 장착한 미사일 헤드를 보호할 수 있을 정도로 탄도미사일 개발을 끝냈는지 잘 모르겠다. 이게 아마 마지막 퍼즐일 것이다.

존 리딩 CEO 한 가지 재미있는 게 트럼프가 대통령이 됐을 때 "(한국 등) 해외에 주둔하고 있는 미군을 집으로 돌아오게 하겠다"고 말했다. 하지만 지금은 그런 말이 들리지 않는다.

— 2017년 11월 트럼프 대통령이 방한했을 때 평택 미군기지를 방문했다. 평택 미군기지는 한국 정부 돈으로 지은 최첨단 미군기지다. 트럼프 대통령이 이곳을 방문하고 나서는 "왜 한국은 방위비 부담을 더 하지 않는가"라고 더 이상 말하지 않고 있다.

존 리딩 CEO와 기타 쓰네오 회장은 누구?

존 리딩 CEO는 기자 출신으로 25년 이상 파이낸셜타임스FT에 몸담았다. 리딩 CEO는 한국과 인연이 깊다. 1991~1994년 한국 특파원으로 서울에서 근무하며 한국 경제는 물론 한반도 정세에 대해 깊이 있는 취재와 보도를 했다. 1999~2005년 편집국장 겸 발행인을 지냈고, 2006년 CEO 자리에 올라 10년 넘게 FT를 이끌고 있다.

리딩 CEO가 이끄는 FT는 상당한 혁신을 이뤘다. FT는 온라인 유료 독자 수가 말해주듯 뉴욕타임스와 함께 디지털화에 가장 성공한 언론으로 우뚝 섰다. 종이 신문 구독자보다 온라인 신문을 읽는 전 세계 독자가 더 많다. 리딩 CEO는 FT의 독자 기반을 더욱 넓히기 위해 중국어 웹사이트 개발을 주도하는 등 신흥 시장으로 투자를 확대하고 있다.

리딩 CEO는 영국 햄프셔 비데일스 스쿨 졸업 후 옥스퍼드대를 졸업했다. 리딩 CEO처럼 기자 출신인 기타 쓰네오 닛케이 그룹 회장은 2015년 FT를 인수해 닛케이 그룹의 세계화를 이끌었다. FT는 영국 정론지이자 세계 최고 경제 신문이다. 당시 인수가액만 8억 4,400만 파운드(약 1조 5,000억 원)에 달했다. 기타 회장은 2010년 종이 신문 위주의 사업 구조를 다각화하는 데도 성공했다. 닛케이 디지털 버전인 '닛케이 전자판'을 출범하고 유료 구독자 54만 명을 확보했다. FT 또한 유료 구독자 86만 명을 모았다는 점에서 닛케이 그룹은 사양길로 접어든 신문산업에 세계화·디지털화의 새 길을 보여줬다.

기타 회장은 2017년 10월 열린 제18회 세계지식포럼에 연사로도 참석해 "급변하는 글로벌 미디어 사회에서 언론이 생존하려면 디지털화와 글로벌화 그리고 양질의 보도를 하는 게 중요하다"고 자신의 철학을 전파했다. 기타 회장은 일본 명문 사립대 게이오대에서 경제학을 전공했고 1971년부터 닛케이에서 기자로 일했다. 거시경제와 금융시장을 두루 섭렵했고, 닛케이 미주총편집국에서도 근무했다.

자살골 찬
트럼프 참모들

다보스포럼에 참석해 한창 일을 하던 중 기자는 이메일을 하나 받았다. 미국 정부 고위대표단의 긴급 브리핑이 생겼다는 공지였다. 도널드 트럼프 미국 대통령의 다보스 도착을 이틀 앞둔 시점이었다. 미국 대통령이 다보스포럼을 찾는 것은 18년 만이었다. 미디어빌리지에 일찌감치 도착했다. 전 세계 유수 언론사에서 온 기자들로 북새통을 이뤘다. 스티븐 므누신Steven Mnuchin 미국 재무부 장관과 윌버 로스 미국 상무부 장관이 나타났다.

당시는 미국이 한국과 중국산 세탁기 등에 대해 '세이프가드(긴급수입제한 조치)'를 발동한 직후여서 더욱 관심이 고조됐다. 현장에 있었던 기자는 귀를 의심했다. 트럼프 대통령의 다보스포럼 방문 배경을 설명하기 위해 나섰던 로스 장관은 엉뚱하게 미국과 중국을 겨냥한 작심발언을 쏟아냈다. 로스 장관은 "자유무역을 하겠다고 레토릭만 하고서 실제로는 극단적으로 보호무역을 하는 나라가 있다"고 지적했다. 로스 장관은 "매일매일 많은 규율을 위반하는 사람들이 있다"며 "미국 군대가 무역전쟁에서 성곽으로 다가가고 있다"고 말했다.

스티븐 므누신 미국 재무장관(왼쪽), 윌버 로스 미국 상무장관(오른쪽) ©세계경제포럼

다음 타깃도 대놓고 공개했다. 로스 장관은 "지식재산권, 철강, 알루미늄 분야가 보호를 받아야 할 분야"라고 말했다. 로스 장관은 "'무역확장법 232조'에 따라 (백악관에서 접수 이후) 90일 이내 어떤 조치든 결정이 내려질 것"이라고 언급했다. 이후 미국 정부는 한국산 철강재 등에 대한 무역보복 조치를 내렸다. 트럼프 대통령의 두둑한 신임을 받는 실세 장관다운 발언이었다.

사고는 엉뚱한 곳에서 터졌다. 므누신 재무장관은 "약달러는 미국의 수출을 위해서 좋다"고 말했다. 세계 주요 언론들은 이 발언을 미국이 약달러를 유도하겠다는 뜻으로 받아들였다. 트럼프 대통령이 강조해왔던 '아메리카 퍼스트' 아젠다의 일환으로 수출을 늘리기 위해 달러 가치를 떨어트리려 한다는 의혹을 산 것이다.

이 발언 직후 시장은 요동쳤다. 미국 달러는 급락했고 유로화는 급등했다. 주요 6개국 통화에 대한 달러 가치를 보여주는 미국 달러 인덱스는 2% 떨어지며 3년 내 최저치를 기록했다. 마리오 드라기Mario Draghi 유럽중앙은행 ECB 총재는 트럼프 행정부가 통화전쟁을 막기 위한 국제 규범을 공공연히 어기고 있다고 비난했다. 드라기 총재는 트럼프 행정부가 통화정책에 인위적인 개입을 하지 않기로 한 2017년 10월 국제사회 합의를 깨고 있다고 지적했다.

이날 오후 다시 세계경제포럼은 다시 긴급 공지를 했다. 미국 행정부 사절단의 브리핑이 다음날 또 있다는 공지였다. 이번에는 누가 브리핑을 하는지는 알려주지 않았다. 현장에 가보니 똑같은 사람들이 나타났다. 므누신 장관의 설화를 해명하기 위한 성격이 분명해보였다. 이날 두 장관은 과격한 표현을 극도로 자제했다. 전날과 확연히 다른 화법이었다. 트럼프 대통령에게 질책을 받았을 것으로 충분히 짐작이 가는 대목이었다.

트럼프 대통령은 다보스에 도착하자마자 므누신 발언에 대한 해명부터 해야 했다. 트럼프 대통령은 CNBC와의 인터뷰에서 "달러는 점점 더 강해질 것이며, 궁극적으로 나는 강달러를 보길 원한다"고 말했다. 트럼프 대통령은 이어 "우리 국가는 경제적으로 다시 매우 강해지고 있고, 다른 분야에서도 마찬가지"라고 덧붙였다. 트럼프 대통령은 므누신의 약달러 지지발언과 관련, "전후 문맥을 무시하고 인용됐다"며 "그의 정확한 발언을 읽어보라"고 강조했다.

사실 므누신 장관은 억울할 것이다. 강달러를 지지하는 트럼트 대통령의 이 같은 발언은 이전 발언과는 확연히 다르기 때문이다. 트럼프 대통령은 2017년 4월 "달러가 너무 강해지는 것을 우려한다"고 밝힌 바 있다.

미국 정부는 트럼프 대통령의 연설이 예정된 1월 26일 당일 오전 다시 한 번 기자회견을 했다. 이번에도 누가 브리핑을 하는지 숨긴 채 공지를 했다. 이번에는 장관급이 아니라 백악관 간부들이 나와 트럼프 대통령 연설 주요 내용을 슬그머니 흘렸다. 방송사 카메라가 촬영하지 않는 '프레스 개글press gaggle(비공식 브리핑)'은 이렇게 3일 연속 이어졌다.

미국 중심주의에 대한 비판을 최소화하려는 노력이라고 봐야 할까. 그럼에도 불구하고 트럼프 대통령은 많은 지식인들로부터 결코 좋은 평가를 받지 못했다. 다보스 콩글레스센터에서 연설 중 몇 차례 야유를 받았다. 다보스포럼 참석 직전에 알려진 트럼프 대통령의 아프리카 국가들에 대한 '똥통shithole' 발언으로 일부는 연설을 보이콧하기도 했다. 하지만 이런 모습에 전혀 굴하지 않는 사람이 트럼프 대통령이었다.

1박에
1,000만 원이라고?!

2018년 1월 다보스포럼이 열릴 즈음에 다보스 일대에는 사흘간 2미터가 넘는 폭설이 쏟아졌다. 다보스가 겨울이면 눈에 파묻히는 것이 일상적이긴 하다. 하지만 2018년에는 하룻밤 사이에 내린 눈에 주차된 차가 없어질(?) 정도로 기록적인 폭설이 내렸다. 2018년 행사 참가자가 전년대비 약 30% 이상 늘어나면서 다보스 일대 인프라는 수용능력을 넘어서 심각한 마비 증상을 보였다.

다보스 일대 교통이 대표적이다. 다보스포럼 주요 회의가 열리는 콩글레스센터 주변에는 도보 15분 거리가 차로 30~40분이 걸릴 정도로 심각한 교통 체증이 빚어졌다. 걷는 것이 빠른데도 차를 이용하는 것은 제설 후 쌓인 눈 때문에 인도가 사라지기(?) 때문이다. 제설이 되어 인도가 다시 나타나도 빙판 길, 눈길 위에서 다칠 위험이 있어 이렇게 차속에 갇히게 되는 것이다. 이렇다보니 회의 참석이 늦어지거나 미팅이 불발되는 일이 다반사로 일어났다.

2017년 행사 때는 교통 체증이 이렇게 심각하지 않았다. 아침, 저녁으로

스위스 다보스 벨베데레 호텔 앞을 행사 진행에 투입된 경찰이 지나가고 있다. 다보스의 물가는 행사 기간이 되면 상상을 초월할 정도로 치솟는다. 이런 호텔의 1박 투숙 비용은 미국 뉴욕 맨하탄의 1달치 월세를 호가한다. ⓒ세계경제포럼

교통량이 많을 때 다소 정체가 있을 수는 있었지만 이 정도의 심각한 교통 난은 빚어지지 않았었다. 행사 시작 하루 전에 클로스터에서 다보스로 들어 가는 길은 아예 주차장으로 바뀌었다. 70여 명에 달하는 국가 정상이 참석 하다 보니 보안이 까다로워진 영향도 있을 것이다. 하지만 근본적인 원인은 참석사가 전넌대비 30% 이상 늘어난 탓이나.

고질적인 숙박대란도 개선 없이 계속 악화일로를 걷고 있다. 세계경제포 럼은 매년 다보스포럼이 열리는 동안 다보스 지역은 물론 인근 클로스터에

있는 거의 모든 호텔을 '퍼블릭이스라이브PublicIsLive' 라는 대행사를 통해 관리하고 있다. 화이트 배지 등급을 가진 사람들에게만 이 대행사를 통해서 호텔을 배정한다. 회원 등급, 기여도 등을 고려해 호텔을 배정하는데, 다보스 내 호텔을 배정받는 것 자체가 '하늘에 별따기'인 상황이다. 다보스에 50여 개 호텔이 있다고 하지만 약 2만여 명을 수용하기에는 턱없이 부족하다.

극히 일부 호텔을 제외하고는 이 기간 동안에 세계경제포럼이 지정한 대행사를 통하지 않고서는 개별 예약을 할 수가 없다. 특히 다보스포럼 기간 동안에는 하루만 투숙하더라도 3~4일치 숙박비를 다 내야 하는 것이 기본이다. 이렇다보니 5성급인 다보스 인터컨티넨탈호텔 등 특급호텔은 국가 정상급 또는 '스트래티직 파트너십' 등급이 아니면 배정받기가 어렵다. 대기업 CEO들도 3성급 모텔 수준의 숙소에 머무는 경우가 많다.

호텔 사정이 이렇게 열악하다 보니 프라이빗 레지던스를 구하는 경우가 많다. 하지만 2베드룸~3베드룸 고급 레지던스의 경우 다보스포럼 기간 동안 렌트비가 약 3,000만 원에 달한다. 조금 열악한 민박집도 렌트비가 500~600만 원이 기본이다.

에어비앤비가 대안이 될까? 순진한 생각이다. 매년 다보스포럼 날짜는 1년 전에 공지되기 때문에 바로 유독 이 기간 동안 인근 마을까지 매물이 싹 사라진다. 있다손 치더라도 다보스에서 차로 30분 이상 떨어져 있는 곳인 경우가 많다. '퍼블릭이스라이브'라는 대행사를 통해야만 예약이 가능한 시호프호텔이 2017년 말 에어비앤비 사이트에 뜬 적이 있었다. 이 호텔이 현지에서 최고급 호텔 중에 하나이긴 하지만 숙박비를 보고 숫자를 잘못 본 게 아닌가 하는 생각이 들었다. 고급 레지던스형 스위트룸이긴 하지만 하루 렌트비가 1,100만 원으로 떠 있었기 때문이다.

심각한 수급 불균형은 숙소뿐만이 아니다. 차량 렌트가격 역시 가격이 상식선을 넘어선다. 다보스에서 약 2시간 거리인 취리히공항에서 다보스까지 기사가 딸린 세단을 이용하려면 편도에 약 1,200~1,500스위스프랑(약 140~170만 원, 아우디 A6 기준)을 내야 한다. 이 때문에 이 시즌에는 남유럽, 동유럽 국가에서 한탕 장사를 하려는 기사들이 몰려든다.

이름 있는 식당을 예약하려면 가격과 조건에 입이 벌어진다. 일단 2~3달 전부터 간곡하게 요청을 해야 한다. 좀 인기가 있는 식당은 12월 말까지 예약 컨펌을 해주지 않는다. 혹시 식당 전체를 빌리겠다는 단체 예약이 있을 수 있기 때문이다. 거의 유일한 고급 중식당인 '골든드래곤Golden Dragon' 등은 식당 예약 서류가 마치 부동산 계약서를 연상시킨다. 깨알 같은 단서조건들 때문이다. 예약부도No Show를 내면 1인당 약 100스위스프랑(약 11만 5,000원)의 위약금을 내야 한다는 내용 등이 자세히 쓰여 있다. 8명으로 예약하고 6명만 가면 2명에 대해서는 위약금을 내야 하는 조건이다.

식당들은 예약을 하려면 신용카드 번호와 계약서에 사인을 해서 보내라고 다그친다. 신용카드 번호를 보내면 보증금부터 승인을 낸다. 이렇게 '울며 겨자먹기'로 예약을 하고 가면 메뉴는 슬그머니 '시즌 메뉴'로 둔갑해 있다. 1인당 최소 100스위스프랑 이상이 들지만 과연 그 정도를 지불할 음식인지는 고개가 갸우뚱해진다. 다보스포럼 기간 동안만 판매하는 스페셜 메뉴라고 하면서 바가지 상술을 쓰는 것이다. 시장 수급에 따른 자연스러운 결과라고 하기엔 과하다는 생각이 든다. 이런 곳이 다보스다.

PART 3

———

부러진
세계

다리가 골절되듯이 세계가 부러졌다는 것이 2018년 다보스포럼의 세계정세 진단이다. 세계 질서를 수식하는 말로 분열은 많이 사용됐지만 분절이라는 말은 생소하다. 이런 단어가 나올 정도로 세계 질서를 지탱하던 기본 판이 부러지고 있다. 도널드 트럼프 대통령 행보가 대표적이다. 무역전쟁을 일으키고 있는 미국의 속내와 각국의 반격이 거세지고 있다.

반세계화에
직면한 세계

/

부러진 세계, 높아지는 보호무역장벽

2018년 다보스포럼이 화두로 제시한 '부러진 세계fractured world'는 현재 세계가 직면한 문제를 그대로 투영한다. 전 세계적인 포퓰리즘·국수주의적 민족주의·지역주의 확산에다 높아지는 보호무역장벽으로 글로벌 무역전쟁 파고가 높아지고 있는 암울한 현실이 바로 그것이다. 이처럼 국제사회 긴장을 높이는 심각한 변화를 마주하고 있지만 공동대응 능력은 손상된 상태다. 사실 사회, 정치, 문화, 경제, 기술 분야에서 간극은 항상 발생한다. 하지만 그 속도와 범위가 점점 확장되고 있는 것이 심각한 문제라는 게 다보스 참석자들의 진단이었다.

특히 트럼프 대통령 취임 후 전 세계 경제·정치·외교·안보 분야에서 불확실성과 분절현상이 더 심각해지고 있다는 데 다보스포럼은

다보스포럼이 열린 다보스 콩글레스센터에 폭설이 내린 가운데 참가자들이 눈길을 걸어가고 있다.

주목했다. 트럼프 이후 세계가 더 위험해졌다는 것이 대체적인 판단이다. 트럼프 대통령의 정책 깊이와 이해도가 떨어질 뿐 아니라 무모한 기질과 불가측성 때문이다.

경제적으로 트럼프의 미국 우선주의는 자국 경제에만 도움이 된다면 다른 나라를 희생시켜도 좋다는 시대착오적인 중상주의에 기반을 두고 있다. 트럼프는 지난 수십 년간 글로벌 경제의 번영을 가져왔던 자유무역 기조를 정면으로 반대하고 미국 무역수지 개선을 위해 수입품에 고율의 관세를 매겼다. 2018년 1월 한국산 세탁기와 태양광에 대한 세이프가드(긴급수입제한조치) 발동을 통해 자국산업을 보호하는 노골적인 보호무역 장벽을 세우고 있다.

트럼프의 미국우선주의는 과거 15세기부터 18세기에 걸쳐 유럽 국가들이 중앙집권적 절대군주 국가체제를 강화하기 위해서 자국산업을 보호하고 무역흑자를 늘려 국부를 늘리는 중상주의mercnatilism 정책을 쓴 것과 궤를 같이 한다. 이 같은 중상주의 정책은 한동안 맹위를 떨쳤지만 자유로운 무역과 시장경제를 금과옥조로 여기는 고전학파가 등장한 뒤 자유무역을 통한 교역이 전 세계 국가의 부를 극대화한다는 것이 팩트로 확인되면서 사라진 바 있다. 그런데 트럼프가 다시 중상주의의 부활을 외치고 있는 셈이다. 집권당인 공화당은 기본적으로 자유무역을 옹호하는 정당이지만 트럼프의 막무가내식 보호무역조치를 그대로 바라만 보는 상황이다.

전 세계적인 안보도 대혼란에 빠져든 상태다. 트럼프가 주위의 우려에도 불구하고 예루살렘을 이스라엘 수도로 인정하는 등 반무슬림 정책을 펼치고 있고 유럽 국가들의 강력한 반대에도 이란과의 핵 협정 파기를 위협하면서 지정학적 분열도 가중되는 모양새다. 여기에 반이민정책이 인종차별주의를 확산시키는 단초를 제공하고 있다는 지적도 넘쳐난다.

장사꾼 잇속 챙기기에 급급한 트럼프 대통령의 자국 우선주의와 분열주의적 성향 때문에 미국의 도덕적 권위가 무너지고 있고 고립주의적인 시각을 견지하다 보니 미국 리더십 쇠퇴라는 무형적 손해가 막심하다는 것이 다보스 참석자들의 냉정한 진단이다. 실제로 아시아에서의 미국 리더십은 중국 파워 부상으로 예전만 못하다. 유럽 각국 정상들도 이제 미국을 불가역적인 동맹국이 아닌 비즈니스 대상으로 바라보기 시작했다. 제인 하만Jane Harman 우드로윌슨센터 회장은 "미국은 아시아 지역에서 전략적 실수를 범했다. 미국은 더 큰 역할을 자처했어야 했지만 TPP에서 탈퇴한 것은 트럼프 정부의 실수였다"고 질타했다. 북한에 대해 취하고 있는 전략 역시 트럼프의 오판이라는 진단이 많았다. 여차하면 우발적인 핵전쟁으로 이어질 수 있기 때문이다. 아시아 지역에서 스스로 영향력을 약화시키는 잘못된 정책들이 미국의 국제적 위상에 악영향을 미치고 있다는 분위기가 팽배했다.

2018년을 포함, 15번째 다보스포럼에 참석하는 단골 참가자이자 지난 2013년 노벨경제학상을 수상한 로버트 실러 예일대 교수는 "트럼프가 이끄는 사회 정치적 변화는 (좋지 않은 방향으로) 혁명적인데 국수주의를 재강조하는 것이기 때문에 미국인들이 다른 나라 사람들과 비교해 나은 것이 없다는 점을 스스로 보여주고 있을 뿐"이라며 "과거의 고립주의적 행태를 재연하는 행보는 골칫거리이고 우려스럽다"고 지적했다.

클라우스 슈바프Klaus Schwab 세계경제포럼 회장도 "어떤 나라도 혼자서, 어떤 이해관계자도 혼자서, 어떤 개인도 혼자서는 글로벌 이슈를 해결할 수 없다"며 "어떤 이슈도 고립된 방식으로는 해결될 수 없다"고 강조했다. 케네스 로고프Kenneth Rogoff 하버드대 교수도 금융위기 이후 분절화fracturation 현상이 심각해져 우려스럽다고 지적했다.

왜 분열의 아이콘 트럼프가 당선되었나?

다보스포럼 세션현장에서 8분짜리 CNN다큐멘터리 〈왜 트럼프가 승리했나(Why Trump Won)〉기 상영됐다. 다큐멘터리 내용을 요약하면 이렇다. 유권자들은 인종 등 복잡한 문제에는 관심을 기울이지 않았다. 이 때문에 트럼프의 인종차별적 발언이나 공약은 유권자에게 커다란 문제가 되지 않았다. 유권자들은 대신 트럼프가 주요 공약으로 내세운 '일자리'라는 단어에 집중했다. 트럼프와 힐러리 모두 부유했지만 유권자들은 힐러리가 전형적인 엘리트라는 점에 거부감을 보였다. 대중은 우두머리처럼 행동하는bossy 변호사, 기자 등을 기피한다. 유권자들은 공약보다는 대통령 후보자가 자신과 공감할 수 있는 인물인지를 더 중시하는데 그것 때문에 트럼프가 선출된 것이라는 것이 다큐멘터리의 결론이다.

조지 오스본George Osborne 이브닝스탠다드 편집장은 정당하든 정당하지 않든 간에 트럼프의 메시지가 명확했다는 점에서 힐러리를 압도했다고 평가했다. 트럼프는 국경에 장벽을 건설해 멕시코 이민자들의 유입을 막고 무슬림들의 입국을 막겠다는 등의 파격적인 공약을 내걸었다. 동의하지 않는 사람은 많았지만 유권자의 머리에는 쏙쏙 들어오는 메시지를 전달했다는 진단이다. 하지만 힐러리 정책에는 이처럼 인식하기 쉬운recognizable '구분점'이 없었다는 분석이다. 오스본 편집장은 "트럼프가 피해의식을 가진 사람들의 가려운 곳을 긁어줬기 때문에 승리할 수 있었다"고 판단했다.

재니 민튼 베도스 이코노미스트 편집장도 "힐러리의 패착은 사람들이 느끼는 절망감에 대한 '답'을 제시하지 못한 것"이라고 진단했다. 트럼프는 '미국을 다시 위대하게(Make America Great again)'라는 간명한 문구로 자국민을 위로했다. 트럼프가 내건 여러 공약은 물론 옳지 않은 것이었지만 적어도 고통받는, 뒤에 남겨졌다고 스스로 생각하는 사람들에게 확실한 답을 보여줬다는 설명이다. "일자리를 다시 가져오겠다. 트럼프가 미국을 다시 위대하게 만들겠다"는 간단한 캐치프라이즈로 미국인들의 삶을 더 나아지게 할 것이라는 확신을 심어줬다는 것이 베도스 편집장의 분석이었다.

로버트 캐플란Robert Kaplan 신미국안보센터CNAS 선임연구원은 30% 미국인은 어떤 정당도 지지하지 않는 세계화로부터 소외된 사람들인데 트럼프는 이들을 공략했다고 진단했다. 또 뉴스를 소비하는 방식 등 모든 것이 변화하고 있는 상황에서 트럼프는 SNS와 디지털 비디오에 포퓰리즘이 결합해 탄생한 첫 대통령이라는 분석도 나왔다.

다보스 이슈 메이커가 만든 트러블

2018 다보스포럼은 개막 전부터 시끌벅적했다. 미국 현직 대통령으로는 지난 2000년 빌 클린턴 이후 18년 만에 참석하는 도널드 트럼프 대통령 때문이었다. 포럼 최대 이슈 메이커가 된 트럼프 대통령은 렉스 틸러슨Rex Tillerson 외무장관, 스티븐 므누신Steven Mnuchin 재무장관, 윌버 로스Wilbur Ross 상무장관, 알렉스 아코스타 노동부장관, 릭 페리Rick Perry 에너지 장관, 존 켈리John Kelly 비서실장, 허버트 맥마스터Herbert

McMaster 안보보좌관, 로버트 라이트하이저Robert Lighthizer 미국무역대표부USTR 대표 등 주요 각료와 백악관 핵심을 대거 대동하고 다보스를 찾았나. 트럼프 대통령의 포럼 참석은 의외였다.

반反세계주의자인 트럼프 대통령이 보호주의 배격을 기치로 내건 다보스포럼에 참석하는 것 자체가 스스로 호랑이굴로 들어오는 셈이기 때문이다. 트럼프 대통령은 미국 근로자 생산성 하락은 도외시한 채 세계화 때문에 기업들이 노동비용을 줄이기 위해 저임금 국가로 공장을 옮기면서 미 제조업 일자리가 파괴됐다고 주장한다. 특히 자유무역과 글로벌라이제이션(세계화)을 금과옥조로 여기는 다보스포럼에 노골적인 반감을 보여 왔다. 다보스포럼을 돈 많은 엘리트들의 사교 이벤트 정도로 치부했고 그런 식으로 비판해왔다.

취리히 소재 스위스 시민운동단체 캠팩스Campax는 트럼프 대통령을 인종주의자, 성차별·전쟁주의자, 빈곤과 불평등을 심화시키는 인물로 규정하고 포럼 참석을 막는 청원 운동에 나섰는데 수만 명이 서명을 했다. 포럼에 참석한 남아공 비즈니스 리더들은 트럼프 대통령의 다보스 폐막연설을 보이코트했다. 트럼프는 아프리카 국가들을 싸잡아 '똥통shitholes'으로 비하하는 표현을 썼다가 아프리카 국가들로부터 인종차별주의자라는 거센 비판을 받았다.

트럼프가 호랑이 굴로 들어온 까닭은?

일부 보좌진의 만류를 뿌리치고 트럼프 대통령이 포럼 참석을 전격 결정한 것은 미국 경제 회복세 지속과 연일 사상최고치를 경신하는 주식시장 랠리(2018년 2월 들어, 미국 주식시장이 급락했지만 다보스포럼 기간 때만 하더라도 주가는 연일 사상최고치를 경신)에 자신감을 얻었기 때문이다.

글로벌라이제이션에 반하는 미국 우선주의America First가 미경제 성장을 주도하고 있다는 점을 자유무역·세계화를 강력 지지하는 다보스 파워엘리트들에게 홍보하기 위해 다보스포럼 참석을 결정했다는 것이 다보스포럼 참석자들의 전반적인 해석이었다. 자신에게 이익이 되는 일은 아전인수격으로 해석해서 대외에 자랑하기를 좋아하는 평소 트럼프 대통령 기질과 궤를 같이 하는 것이다.

실업률은 완전고용 수준이고 경제는 3% 성장을 향해 순항을 하는 등 강한 거시경제지표를 미국 우선주의에 반대하는 포럼 참가자들에게 제시, 자신이 밀어붙인 미국 우선주의 정책이 옳았다는 점을 강조하려는 것이다. 여기에다 감세정책과 탈규제를 전면에 내세운 채, 미국으로의 투자를 늘리라는 과감한 주문을 하기 위해 다보스 플랫폼을 활용한 것이다.

미국 우선주의의
위험성

아메리카 퍼스트, 더 이상의 관대함은 NO

트럼프 대통령은 기존 무역협정은 모두 이전 정권의 양보로 인해 미국에 불리한 조건으로 체결됐다는 왜곡되고 편협된 인식하에 소위 '보다 공평하고 상호호혜적인 무역'을 압박했다. 이는 미국에 유리한 방식으로 무역의 틀을 바꾸자는 말이나 마찬가지다. 실제로 트럼프 정권은 FTA(한미자유무역협정)와 NAFTA(북미자유무역협정) 폐기 카드로 상대 국가를 협박하며 재협상에 나선 상태다.

트럼프 대통령은 일부 국가의 약탈적인 무역행태predatory behaviour를 콕 짚어 더 이상 용납하지 않겠다고 밝혔다. 트럼프 대통령은 "국가 간 교역은 공평하고 상호주의에 따라야 한다. 일부 국가는 다른 나라의 희생을 기반으로 무역 착취exploitation에 나서고 있다"며 "미국은 더

도널드 트럼프 미국 대통령이 내세우는 미국 우선주의는 나만 잘 살면 주변 이웃의 사정은 어떻게 돼도 상관없다는 자국 이기주의, 근린궁핍화 전략의 듣기 좋은 포장일 뿐이다.

이상 불공평한 무역관행에 눈을 감지 않을 것"이라고 경고했다. 이와 관련해 트럼프 대통령은 지식재산권을 보호하지 않고 수출기업에 국가보조금 등을 지급하는 약탈적 무역행위를 좌시하지 않을 것이라고 강조했다. 참석자들은 트럼프 대통령이 직접 거명하지는 않았지만 이는 중국을 겨냥한 것으로 해석했다. 2017년 시진핑 국가주석이 다보스 개막연설을 통해 트럼프 대통령을 직접 지칭하지 않고 보호무역주의를 비판했던 것에 대한 앙갚음을 한 것 아니냐는 분석이다. 특히 트럼프 대통령이 이 같은 상호호혜적인 공평한 무역을 강조한 것은 미국 정부가 중국, 한국 세탁기 등에 '세이프가드(긴급수입제한조치)'를 발동하며 무역 전쟁을 시작한 뒤 나온 것이어서 더욱 주목을 받았다.

날 짜	내 용
2005년 6월	칠레, 뉴질랜드, 싱가포르, 브루나이 다자무역협상 시작
2010년 3월	미국, 호주, 베트남, 페루 등 TPP 협상 참여
2011년 11월	캐나다, 멕시코 협상 참여
2013년 7월	일본, TPP 협상 참여
2015년 10월	통상·무역장관회의에서 TPP 타결
2016년 2월	미국 버락 오바마 정부, TPP 합의안 서명
2017년 1월	도널드 트럼프 정부, TPP 탈퇴 선언
2018년 3월	일본 등 11개 회원국, 미국 빠진 TPP(CPTPP) 출범 (예정)

자료: 매일경제

트럼프 대통령은 2017년 폐기를 선언했던 TPP(환태평양경제동반자
협정) 복귀 가능성도 밝혔다. 그는 "TPP 일부 국가들과 협상 중에 있
고 필요하다면 다른 국가들과 각각 또는 그룹으로 협상을 다시 할 의
사가 있다"고 말했다. 트럼프 대통령은 "우리가 상당한 수준으로 개
선된 딜을 할 수 있다면 나는 TPP를 할 수 있다는 오픈된 입장"이라
고 설명했다. 트럼프 대통령이 TPP 복귀 가능성을 언급한 것은 이번
이 처음이다. 이와 관련해 다자간 무역협정에 대한 트럼프 대통령의
잇단 비판 발언과 탈퇴로 미국이 국제무역질서 구축과정에서 왕따
신세로 전락할 수 있는 우려가 미국 안팎에서 커지면서 트럼프 행정

부가 대안 찾기에 나선 것 아니냐는 분석이 나오고 있다.

다만 트럼프가 미국에 유리한 쪽으로 TPP 재협상을 요구하더라도 나머지 11개 회원국이 이에 응할지는 미지수다. 트럼프 대통령은 지난 2016년 말 취임 직후 TPP에서 탈퇴하는 행정명령에 서명한 바 있다. TPP는 중국의 패권확장을 견제하기 위해 미국 오바마 정부가 환태평양 국가 11개국과 체결한 다자간 무역협정이었지만 트럼프 대통령 등 비판론자들은 미국 제조업 일자리가 저임 회원국으로 이동할 것이라며 반대했다. 트럼프 대통령은 "문제가 있으면 언제든 폐기할 수 있기 때문에 나는 양자협정을 좋아한다"며 "다자간 무역협정은 폐기 옵션이 없다"고 주장했다. NAFTA와 한미 FTA 재협상도 압박하고 있다.

북한 이슈와 중국에 대한 무역압박 외에 예상했던 대로 트럼프 대통령은 다보스 폐막연설을 통해 보호무역 색채가 강한 '미국 우선주의America First'주장을 되풀이했다. 트럼프 대통령은 "모든 국가 정상들이 그렇듯이 미국 대통령으로서 자국 이익을 우선적으로 둘 수밖에 없다"고 말했다. 그는 다만 "미국은 혼자 성장하지 않을 것이며 미국의 번영은 세계의 번영이 된다"고 말했다. 아메리카 퍼스트가 미국 혼자(아메리카 얼론America alone)는 아니라며 다소 유화적인 제스처를 보였다. 미국의 성장이 다른 나라 성장에도 도움이 되는 만큼 미국우선주의가 다른 나라에 나쁜 것은 아니라는 설명이다. 트럼프 대통령은 미국이 대대적인 감세와 탈규제에 나선 만큼 미국만큼 사업을 하기 좋은 장소는 없다며 미국에 투자해줄 것을 요구했다.

다보스의 비전과 정면충돌하는 '트럼프 정책'

이처럼 보호무역 색채를 강하게 띄는 미국 우선주의는 다보스포럼 비전과 정면충돌하는 것이다. 앙겔라 메르켈Angela Merkel 독일 총리, 에마뉘엘 마크롱Emmanuel Macron 프랑스 대통령 등 대다수 다보스포럼 참석 정상들은 트럼프의 미국 우선주의와 분열적인 행보에 대해 특별 강연 등을 통해 명백한 반대 입장을 표명했다.

좋은 흐름을 보이고 있는 미국 경제지표는 트럼프 대통령의 미국 우선주의 덕분이 아니라 전 세계적인 경기회복세와 발맞춤을 하고 있는 것으로 평가하고 있다. 버락 오바마 대통령 때부터 지속적으로 닦아놓은 경기회복 모멘텀이 유지되는 정도라는 해석이다. 주식랠리도 감세조치 효과로 당분간 지속되겠지만 상승폭은 제한적일 것으로 보고 있다. 오히려 재정적자를 천문학적 규모인 1조 5,000억 달러나 키우는 과도한 감세조치 탓에 로널드 레이건Ronald Reagan 시대의 대규모 무역적자와 재정적자라는 쌍둥이 적자가 재연될 것이라는 우려 속에 경제에 대한 장기 효용성을 의심하는 경제학자들이 적지 않았다.

또 조세피난처와 낮은 법인세 국가를 절세꼼수에 적극 활용하고 있는 구글, 아마존 등 미국의 다국적 기업들이 정상적인 세금을 내도록 압박하고 있는 유럽은 트럼프의 대대적인 감세조치에 심각한 우려를 표명하고 있다. 전 세계적으로 해외기업 유치를 위한 법인세 인하경쟁을 촉발, 유럽계 기업들까지 유럽 대신 미국에 대규모 투자에 나서지 않을까 걱정하고 있다.

트럼프 대통령이 전가의 보도처럼 휘두르고 있는 미국 우선주의에

• TTP(환태평양경제동반자협정) **및 RCEP**(역내포괄적경제동반자협정) **참여 국가 •**

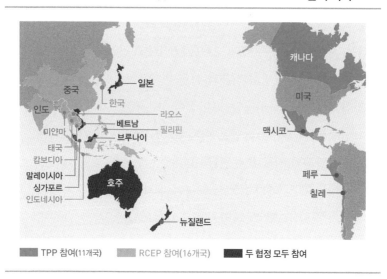

TPP 참여(11개국)　**RCEP 참여**(16개국)　**두 협정 모두 참여**

• TPP와 RCEP 비교 •

	TPP	RCEP
참여국 GDP	27.7조 달러	24조 달러
역내 교역 규모	9.4조 달러	9.2조 달러
인 구	7.9억 명	35억 명
진행상황	2017년 미국 탈퇴로 11개국 협상(CPTPP)	2017년 11월 첫 정상회의

TPP관련 통계는 2015년 기준, RCEP는 2016년 기준(자료: 대외경제정책연구원·World Bank ·UNCTAD ASEAN)

대해 포럼 참석자들은 지극히 비판적이다. 단순하게 말하면 다른 나라의 희생을 통해 경제적 이익을 얻겠다는 것 그 이상도 그 이하도 아니라는 시적이다. 디른 국가 경제를 궁핍하게 만들면서 자국 경기 회복을 꾀하는 근린궁핍화 정책과 다를 바 없다는 비판을 서슴지 않는 포럼 참석자들도 적지 않았다. 미국이 하는 대로 따라오라는 트럼프의 독단적인 리더십 스타일은 다자주의적 마인드를 가진 다보스 참석자와 양립하기 힘들다는 진단이다. 메르켈 독일 총리, 마크롱 프랑스 대통령은 모두 다자주의multilateralism와 자유민주주의 가치의 열렬한 주창자다. 이들 두 정상은 트럼프의 '미국을 다시 위대하게' 슬로건을 '다시 우리의 지구를 위대하게(Make our planet great again)'로 바꾸기도 했다.

미국 말고 '다른 파트너' 찾는 남미 국가들

트럼프 행정부가 자국 이익을 우선시하는 정책을 펼치면서 무역전쟁 가능성이 고조되는 모양새다. 루이스 알마그로Luis Almagro OAS(미주기구) 사무총장은 "아메리카 퍼스트는 굉장히 매력적인 슬로건이지만 남미 국가들은 미국과의 무역전쟁에서 이익을 지키기 위해 노력할 것"이라고 잘라 말했다. 미국과의 분쟁이 거세지면 다른 무역 파트너를 찾을 수밖에 없다는 설명이다. 대안은 중국이다. 중국이 이미 대다수 남미 국가들의 거대한 무역상대 자리를 꿰찬 상태다. 트럼프가 TPP에서 탈퇴했기 때문에 더 많은 남미 국가들이 중국을 1순위 무역상대로 선택하게 될 것이라는 진단이다.

진 케유Jin Keyu 런던정경대 교수는 중국과의 무역전쟁 위험을 경고했다. 중국도 미국으로부터 수입을 하고 이는 미국의 일자리를 만들어내고 전 세계 국가들이 촘촘하게 연결되는 글로벌 서플라이체인도 감안하는 큰 그림을 트럼프 정부가 보지 못하고 있다는 지적이다. 무역에 있어 통계에 의한 적자만 보면 안 된다는 주문도 덧붙였다. 태양광, 세탁기 등에 대한 보복관세부과는 무역전쟁의 신호로 받아들여질 수 있고 중국은 이에 대해 대응할 준비를 할 수밖에 없다는 게 진 교수의 분석이다. 미국이 불법적으로 보호무역장벽을 높인다면 무역보복조치를 취할 수밖에 없다는 진단이다.

로버트 캐플란Robert Kaplan 신미국안보센터CNAS 선임연구원에 따르면 외부 관점에서 볼 때 미국은 자유주의의 선봉장이었고 이를 통해 전 세계에 힘을 유지해왔다. 자유무역은 민주주의와 함께 간다. 만약 트럼프가 자유무역을 반대한다면 국제무대에서 그만큼 힘을 잃을 수밖에 없다. 아시아에서도 점점 더 힘을 잃을 것이고 아시아에서 중국의 힘이 더 커질 것으로 내다봤다. 미국은 지난 75년간 글로벌 리더였기 때문에 트럼프의 발언 하나 하나는 전 세계에 상당히 큰 영향을 줄 수밖에 없고 그만큼 문제가 될 수 있다. 그런데 트럼프는 '짖기만 할 뿐 물지는 않는less bite than bark'다는 말처럼 자신이 한 얘기를 실행에 옮기지 않는 경우가 많다. 트럼프의 수사rethoric가 예측 불가능하고 신뢰를 얻지 못한다면 결국 국가의 힘은 약화될 수밖에 없다는 진단이다. 의회와 대통령의 발언이 조율돼야 하지만 그렇지 않은 게 미국의 힘을 약화시킬 것으로 우려했다.

다보스포럼 현장에서 트럼프 방어에 나선 밥 코커Bob Corker 미국 상원 의상은 "딜규제, 감세 정챔이 미국 겸제를 더 강하게 만들어줬다"며 "트럼프는 경제적으로 강력해지면 결국 안보도 강해진다고 믿고 있다"고 강조했다. 또 예측 불가능성이 때론 협상에 도움이 되기도 한다고 덧붙였다.

경제 양극화,
분노하는 소외 계층

/

'디지털 숙련도Digital proficiency'가 차이를 만들 것

국제무역과 투자는 전체적으로 글로벌 경제에 이익이 되지만 어떤 국가나 집단에게는 경제사회적 비용을 발생시킨다. 이를 극복해낼 방안이 있을까?

샤란 버로우Sharan Burrow 국제노총 사무총장은 현재 세계화 모델이 제대로 작동하지 않고 있다고 지적한다. 거대한 실업을 초래하는 요인이 되기도 한다고 주장했다. 세계화로 인해 얻은 번영과 부가 세계화에 동참한 사람들 특히 노동자에게 공정하게 배분되지 않는다고 꼬집었다.

미노제 샤피크Minouche Shafik 런던정경대 이사도 세계화는 고도의 기술력을 가진 노동자들에게 큰 보상을 주지만 기술이 부족한 노동자에게 가는 보상은 작다고 설명했다. 세계화 이후 부유층과 법인세가 점점 더 낮아지면서 양극화가 심화됐다는 주장도 덧붙였다.

그렇다면 사람들은 어떻게 이 새로운 세계화 경제에 적응하도록 만들 것인가? 세계화에 걸맞게 노동자들이 새로운 직업을 찾을 수 있도록 훨씬 더 많은 투자가 이뤄지도록 해야 한다는 게 샤피크 이사의 진단이다.

덴마크가 좋은 예다. 덴마크는 GDP의 1.7%를 노동자 재교육을 위해 사용한다. 어떤 나라도 덴마크만큼 재교육, 그리고 직업 이동에 도움을 줄 수 있는 투자를 많이 하지 않는다. 사람들이 절망에 이르지 않도록 하기 위해 최소한의 기본은 제공해야 한다는 주문이다. 샤피크 이사는 앞으로 항상 해오던 그런 '일상적인 것이 아닌 창의성not routine. Creativity'이 한층 더 중요해지는 만큼 미래 노동자들은 창의성을 고양시킬 수 있는 스킬을 배워야 한다고 조언했다.

리치 레서Rich Lesser 보스턴컨설팅그룹 글로벌 CEO도 "기술이 모든 영역에서 급속히 발전함에 따라 근로자들을 재교육시키지 않으면 더 큰 위험에 처하게 된다"며 "이 때문에 기업들이 인적 자원에 투자하는 데 더 큰 책임을 가지게 됐다"고 설명했다.

마우리시오 카르데나스Mauricio Cardenas 콜롬비아 재무부 장관은 어떻게 세계화의 혜택을 더 확대할 수 있을지에 집중했다. 국가는 세계화를 통해 부유해질 수 있지만 개인, 집단, 회사 등의 단위로 봤을 때는 분명 피해가 발생할 수도 있는데 이 같은 부작용을 완화하기 위해 3가지 방법을 제안했다. 첫째는 보상을 하는 것이다. 피해를 본 산

여대생이 취업 게시판을 훑고 있다. 청년 실업은 최근 수년간 악화일로를 거듭해 실질적으로는 4명 중 1명이 일자리가 없는 지경에 이르렀다.

업센터나 도시 등에 어느 정도 보전을 해주는 것이다. 둘째는 피해지역이 계속 루저로 남아 있지 않도록 더 많은 기회를 창출하는 것이다. 셋째는 글로벌라이제이션을 점점 더 보충 보완해나가는 것이다.

찬다 코하르Chanda Kochhar ICICI은행 CEO에 따르면 세계화 시대에 인도의 경우, 어떻게 젊은이들에게 지속가능한 기회를 제공해주는가를 중요하게 생각한다. 이는 단순히 교육을 제공하는 것 외에 경제적 포용까지도 생각해야 하는 문제다. 이 때문에 스스로 교육비를 지불할 수 없는 어려운 곤경에 처한 사람들에게 돈을 빌려준다. 이와 관련해 은행은 마이크로론(소액대출) 프로그램을 활성화시켜 많은 사람들이 창업자가 될 수 있도록 유도, 더 많은 사람들이 경제성장에 동참할 수 있도록 돕고 있다고 코하르 CEO는 설명했다. 더 많은 사람들이 경제금융 시스템에 포함될 수 있도록 하기 위해서다.

데빈 위니그Devin Wenig 이베이 회장은 "우리의 관심은 사람들이 공정하게 최대한 세계 경제에 접근할 수 있도록 해주는 것"이라며 "이를 통해 경제활동에 참여하고 세계화 과실을 누릴 수 있도록 해야 한다"고 강조했다.

위니그 회장은 "현재 교육 시스템이 미래 사회에 대한 대비가 되어 있다고 보지 않는다"며 "기술이 발전한다고 우리가 20억 명의 소프트웨어 전문가를 필요로 하는 게 아니라 디지털 숙련도Digital proficiency가 결국 부를 얻는 자와 뒤처지는 자의 차이를 만들 것"이라고 설명했다.

세대 간 경제적 격차 심화, 청년층이 분노하다

세대 간 경제적 격차 심화는 빈곤과 과도한 경제불균형을 초래하기 때문에 전 세계인 특히 청년층에게 심각한 문제다. 전 세계적으로 청년층이 분노하는 것은 이 때문이다.

특히 장기 경기불황은 교육 부족으로 이어져 경력이 일천한 청년들의 취업이 더 어려워지는 악순환을 초래한다. 두 자릿수 청년실업률은 사회적 갈등을 고조시켜 사회적 균열을 키우는 악재다. 빚더미에 갇혀 구직 후에도 문제는 개선되지 않고 흉터로 남아 소득 침체에 따른 빈곤으로 이어지기 때문에 심각한 사회문제가 된다.

라가르드 IMF 총재는 청년 실업율 + 청년층에 대한 '부적절한 사회적 보호inadequate social protection for the young = 청년 빈곤'이라는 공식으로 계산해 본 결과, 대다수 선진국들은 부의 분배 같은 사회적 장치를 통해 비교적 청년 빈곤을 잘 관리하고 있는 것으로 평가했다. 유럽은 사회 안전망 구축과 재분배 매커니즘 도입을 통해 2007년 이후 꽤 안정적인 불균형stable inequality을 유지하고 있는 것으로 평가했다.

하지만 글로벌 금융위기 이후 높은 청년 실업율과 함께 청년소득은 계속 감소하는 추세인 반면 65세 이상 노년층의 소득은 연금 덕분에 상승하는 모습을 보였다. 유럽 청년들이 다른 연령층에 비해 부채가 가장 많아 경제 충격에 취약해졌다는 설명이다.

그렇다면 청년층 빈곤 해결 방안은 무엇일까? 이와 관련해 IMF는 청년 빈곤과 경제 불균형에 대한 보고서를 발간했다. 첫째, 정부는 노동시장에서 근로자 재교육과 트레이닝에 적극적으로 투자해야 한다. 이를 통해 능력 격차를 해소할 수 있다. 둘째, 정부 재정지출을 보다 효율적으로 조정해 청년층에 대한 사회보장Social Protection을 강화하는 것이다. 셋째는 세제 개편taxation으로 재산세, 상속세 인상을 통해 세수를 확보, 청년층을 위한 사회프로그램 예산을 확보하는 것이다. 이를 통해 단순히 청년층 혜택을 확대하는 데 그치는 것이 아니라 청년 경제가 활성화되면 그들의 소득은 결국 연금세수기반 확대로 연결될 수 있다.

라가르드 총재는 "지난 1962년 존 케네디가 연설에서 햇빛이 쨍쨍할 때가 지붕을 고칠 적기다(it is time to fix the roof when the sun is shining)"라고 말했듯 전 세계경제가 회복세에 들어간 지금이야말로 '청년 문

라가르드 총재는 "지난 1962년 존 케네디가 연설에서 햇빛이 쨍쨍할 때가 지붕을 고칠 적기다"라고 말했듯 세계경제가 회복세에 들어간 지금이야말로 '청년 문제를 손보기에 적기'라고 강조했다.

제를 손보기에 적기'라고 강조했다. 유럽이 지붕을 고칠 수 있는 방법은 청년층이 꿈과 희망을 찾을 수 있도록 하는 정책을 디자인하고 실행하는 것이라고 라가르드 총재는 강조했다.

유권자의 큰 부분을 차지하는 노년층의 표를 잃지 않으면서 동시에 청년층을 위해 예산을 확보하는 정책을 공약으로 내놓는 것은 큰 도전이지만 꼭 해내야 할 일이라고 강조했다. 노년층이 연금, 사회보장제도 등을 통해 얻는 혜택들을 수정해서 젊은 청년층에게도 배분하는 연금개혁이 필요하다는 주문이다. 일부 국가는 이미 시작했고 효과를 보고 있다.

영국의 경우 국민소득이 올랐다고 하더라도 그 증가분은 젊은층이 아닌 연금혜택을 받는 노년층에 집중되어 있다. 사람들은 실제 불평등을 실감하고 있고, 시스템에 뭔가 문제가 있다고 생각한다.

'분열' 해결 위해 '진정한 변화'를 고민해야…

분열의 또 다른 예인 브렉시트와 관련해서 주목할 만한 점은 런던, 멘체스터 등 비교적 부유한 도시 지역 주민들은 EU에 잔류하기를 원했다는 것이다. 여기에서 영국 정치계에 일고 있는 변화가 미국 정치계 변화와 비슷한 점이 있다는 사실을 발견할 수 있다. 바로 경제적 좌절감이 특정 이슈를 바라보는 시각을 결정한다는 것이다. 경제적 소외계층이 EU에 대한 피해의식 때문에 브렉시트를 지지했다는 것이 조지 오스본George Osborne 이브닝스탠다드 편집장의 분석이다.

동유럽은 경제적으로 잘 성장하고 있고, 이민자들의 유입도 많지 않은데 우파 정당이 득세하고 있다. 이민자들이 동유럽으로 직접 유입되는 케이스는 적지만, 동유럽 주민들은 미디어를 통해 이민자로 인해 발생하는 서유럽의 난맥상을 목격하며 두려움을 느낀다. 자국에서도 비슷한 일이 일어날 수 있다고 느끼는 것이다.

재니 민튼 베도스 이코노미스트 편집장은 경제적 요소는 물론 문화적 요소가 분열에 복합적으로 영향을 미친 것으로 해석했다. 글로벌 금융위기 이후 사람들이 느낀 경제적 불안감과 이민자 유입문제 등과 같은 사회문화적 요소가 결합해 기존 시스템에 대한 분노에 불을 댕겼다는 진단이다.

베도스 편집장에 따르면 현재 우리 상황이 19세기 말과 상당히 유사하다. 19세기 말은 현재와 비슷하게 기술대변혁의 시대였고, 세계화의 시대였으며, 이민이 급증한 시기이기도 했다. 이러한 변화는 미국과 유럽 등에서 포퓰리스트 출현과 같은 부작용을 낳았다. 변화가 가져온 문제를 해결하기 위해서는 수십 년간의 진통이 있었다. 이 시간을 지나고 나서는 결과적으로 진보된 시대를 맞이했다는 설명이다.

현재 우리가 마주한 문제를 해결하고 진보를 맞이하기 위해서 필요한 '변화'가 무엇인지를 고민해야 한다고 주문했다. 카린 폰 히펠 Karin von Hippel 영국왕립합동군사연구소 사무총장은 "지정학적 위험도 있지만 사이버상의 위협을 주목해야 한다"며 "보안이 필요한 회사들은 사이버 공격에 대한 대응능력을 높여야 한다"고 주문했다.

중국과 인도,
신흥 강대국의 부상

서양–동양 간 세력 재조정

키쇼어 마부바니Kishore Mahbubani 싱가포르국립대교수(전 싱가포르 유엔 주재 대사)는 "무엇이 분열이고 우리는 왜 분열을 겪고 있는가에 대해 나는 한 마디로 정의할 수 있다"며 "바로 우리가 인류 역사상 가장 중요한 시기를 지나고 있기 때문"이라고 잘라 말했다. 우리가 앞으로 마주하게 될 시대는 이전과 완전히 다른 시대가 될 것이고 매일같이 여러 시대가 붕괴되는 상황이 연출되면서 분절된 세상에 직면하게 됐다는 진단이다.

마부바니 교수에 따르면 지난 200년간은 미국과 북아메리카가 주도한 시대였다. 그러나 역사를 더 길게 보면 지난 2,000년간 강자는 중국과 인도였다. 200년은 2000년과 비교했을 때 극히 짧은 기간이다. 이처럼 지난 200년간 패권국이 어디였든지 간에 앞으로 전개될 시대의 강자는 아시아 국가들이 될 것이다. 아시아 국가 청년들을 보면 믿을 수 없을 정도로 긍정적이라는 것이 마부바니 교수의 주장이다. 인도와 중국에 가서 청년들을 만나보면 서양 청년들이 보이는 회의감을 찾아볼 수 없고 중국인들의 생활 여건은 역사상 전례 없이 급속한 성장을 이뤘다고 마부바니 교수는 강조한다. 아시아 국가들의 부상과 이에 따른 서양–동양 간 세력 재조정rebalancing 과정은 어렵고 고통스럽고 긴장도 고조될 수밖에 없다.

마부바니 교수는 "중국은 지난 1842년부터 1976년까지 140년간 지옥을 거쳤지만 덩샤오핑 개혁 이후 중국은 지난 40년간 천국을 맛보고 있다"며 "중국인들은 자신들의 삶이 얼마나 급격하게 발전했는지를 알고 있다. 그리고 이러한 발전의 길을 계속 걸어가기를 단연코 원하고 있다"고 진단했다. 인도도 역시 마찬가지다. 인도인들은 1947년까지 식민 지배를 받았고 중국과 마찬가지로 급격한 발전을 경험하고 있다. 이들 역시 이 발전을 계속 이어가기를 원한다. 중국과 인도에 베팅하는 것은 어리석은 일이 아니라는 게 마부바니 교수의 설명이다.

실제로 2018년에도 다보스포럼의 시선은 신흥강대국 부상에 맞춰졌다. 나흘간(23~26일)의 다보스포럼 기간 중 400여 개 세션이 동시다발적으로 열리지만 이 중에서도 가장 큰 스포트라이트를 받는 것은 개막식과 폐막식 기조연설이다. 다보스포럼에 매년 국가정상급만 60~70여 명이 참석하는 만큼 개폐막식 기조연설 자리를 확보하기 위

나렌드라 모디 인도 총리는 다보스포럼 개막기조연설에서 2032년까지 미국 중국에 이은 3위 경제대국이 되겠다는 뉴인디아 비전을 제시했다.

한 정상 간 물밑 경쟁이 그만큼 치열할 수밖에 없다. 2018년 다보스 포럼 개막연설은 나렌드라 모디Narendra Modi 인도 총리가 거머쥐었다. 2017년 시진핑 중국 국가주석이 개막 기조연설을 한 데 이어 2년 연속 신흥 강대국에게 다보스포럼의 시작을 알리는 개막연설 기회가 돌아간 것은 결코 우연이 아니다. 그만큼 중국, 인도 등 신흥 강대국이 전 세계 경제·정치·사회적 영향력을 확대하고 있음을 보여주는 방증이라는 것이 다보스포럼 참석자들의 진단이다.

다보스포럼은 전 세계를 상대로 자국 경제 변화상과 강점을 홍보,

해외기업과 자본을 유치하고 글로벌 어젠다를 주도하는 책임 있는 국가로의 비약을 알리는 최적의 플랫폼으로 활용되고 있다. 실제로 시 주석은 2017년 다보스포럼 개막 기조연설 무대를 새롭게 부상하는 중국의 비상을 홍보하는 기회로 최대한 이용했다. 2017년 다보스포럼 폐막일이 도널드 트럼프 대통령 취임식과 겹쳤는데 보호무역과 반세계화를 기치로 저학력 백인노동자들의 분노를 자극, 대통령에 당선된 트럼프에 대한 다보스 참석자들의 불안감와 우려를 파고든 시 주석은 자유무역의 챔피언을 자처해 큰 반향을 불러일으킨 바 있다. 물론 그 이후 고조되는 북한 핵미사일 위협에 맞서 배치를 결정한 사드(고고도 미사일방어체계)를 둘러싼 대한對韓 경제보복조치 등 글로벌 스탠더드에 미치지 못하는 중국의 민낯을 드러내기도 했다. 하지만 2017년 포럼 당시만 해도 시 주석은 트럼프 고립주의에 대한 반감을 적절히 활용, 중국이 미국을 대신해 자유시장 파수꾼 역할을 할 수 있다는 점을 국제사회에 적극 어필함으로써 포럼참석자들의 강력한 지지를 받았다. 시장개방 폭을 확대하고 친기업 환경을 구축, 해외투자를 적극 유치할 테니 공격적인 투자를 해달라는 등 세일즈 외교도 적극적으로 펼친 것에 자극받은 나렌드라 모디Narendra Modi 총리가 2018년 포럼 개막식 기조연설에 공을 들였다는 전언이다.

3위 경제대국 노리는 인도의 뉴인디아 비전

지난 1997년 이후 인도 현직 총리로는 20년 만에 다보스 무대에 등장한 모디 총리는 다보스 개막기조연설을 통해 새로운 인도를 의미하는 뉴인디아New India 비전을 제시했다. 모디 총리의 뉴인디아 비전은 2032년까지 미국 중국에 이은 3위 경제대국이 되겠다는 야망이 담겨져 있다.

모디 총리는 15억 명에 달하는 인구의 65% 이상이 35세 이하이고 평균연령이 29세에 불과한 세계에서 가장 젊은 국가로 풍부한 양질의 노동력 제공이 가능하다는 점을 인도의 강점으로 내세웠다. 이를 토대로 기업하기 좋은 환경을 구축하는 한편 세계에서 가장 개방적인 경제로 급속도로 전환, 해외자본 유치에 올인하겠다는 구상을 내놨다. 이 같은 명확한 경제성장 비전, 강력한 정치적 실행의지가 인도를 전 세계에서 가장 매력적인 투자처 중 하나로 변모시켰다는 점도 강조했다. 아룬 자이틀리Arun Jaitly 재무장관 등 6명의 연방장관과 100여 명의 인도 기업인을 대동한 모디 총리는 경제투명성 강화를 위한 화폐개혁 등 지난 수년간 취해온 개혁정책에 대해 다보스 참석자들에게 소개했다. 인도가 글로벌 경제 성장엔진이 될 수 있는 역량을 갖췄다는 자신감과 함께 해외투자자들이 인도 경제 성장에 동참할 것을 주문하는 한편 인도 역시 세계경제 성장에 동참하기를 원한다고 강조했다. 이처럼 인도 경제와 글로벌 경제 간 통합의 접점을 대폭 확대하고 광범위한 투자협력을 위한 친기업 정책도 내놨다.

모디 총리는 스위스에서 22~23일 이틀 머물렀지만 실제 체류시간

나렌드라 모디   **VS**   시진핑

인 도	국 가	중 국
액트 이스트 (Act East)	정 책	일대일로 (One Belt & One Road)

– 인도 - 미얀마 - 태국 고속도로 1,400km
– 인도 - 미얀마 칼라단 복합운송 프로젝트
– 다이아몬드 목걸이
(아세안·아프리카 국가들과 대중 포위망 구축)
	주요
	프로젝트
		– 중국 - 태국 - 싱가포르 고속철도
		  1,000km 이상
		– 태국 말레이시아 믈라카 고속철도
		  688km
		– 인도네시아 자카르타-반둥 고속철도
		  142km
		– 진주 목걸이
		(남중국해-인도양-아프리카에 항구 건설)

47억 달러	투자 규모 (2017년 기준)	500억 달러
미국 일본 호주	지지국	베트남 등 제외한 아세안

자료: 매일경제

은 채 24시간이 안됐다. 그만큼 시간이 빠듯했지만 기조연설 전날에 에어버스, 히타치, IBM 등 40명의 글로벌 기업 총수와 20명의 인도 기업인 등 60여 명의 기업인들과 비즈니스 만찬을 가졌다. 또 기조연설 후에도 GM, 로열더치쉘, 네슬레, JP모건 최고경영자 등 120명의 세계경제포럼 경제계 리더들과 비즈니스 미팅을 갖는 등 강행군을 했다. 다보스포럼 개막 전날 총회가 열리는 콩그레스 센터에서 인도

식 요리를 제공, 인도요리·문화·역사를 설명하는 기회로 활용하기도 했다. 세계정상들이 다보스를 기업유치를 위한 세일즈의 장으로 활용하고 있다.

다중적 질서의 세계, 중요해진 지정학적 판단

세계가 다국적 구도에서 다중적 질서로 변화해감에 따라 잘못된 지정학적 판단이 전 세계 리스크를 증가시킬 수 있다. 지금의 분절된 세계에서 무엇이 단층선Fault line이 될 것인가?

인도 싱크탱크 옵서버리서치재단ORF의 사미르 사란Samir Saran 부총재는 중국과 인도 간 국경 분쟁은 역사적으로 봤을 때는 새로운 것이 아니지만 오늘날 발생하는 갈등엔 조금 새로운 면이 있다고 설명했다. 첫째, 이전까지 중국의 영토 확장 노력은 제지를 당한 적이 없다. 그러나 금세기 처음으로 인도에 의해 중국의 이런 시도가 좌절되고 있다. 그리고 중국은 이러한 일에 익숙하지 않다.

둘째, 중국은 단순히 영토를 확장하는 것이 아니라 유럽 시장과 유라시아 시장을 겨냥하는 것이다. 중국은 국가 간 영토 전쟁이 아니라 한 대륙에 정치적 질서를 세우려는 것이다. 인도와 중국이 아시아의 새로운 질서를 형성하는 데 가장 큰 영향을 끼칠 것은 틀림없지만 인도가 안정적인 카운터 파트너로서 일본과 가까운 관계를 갖고 나갈 것이라는 점도 또한 분명하다. 일본의 안정된 경제와 미국과의 굳건한 관계 등은 인도가 카운터 파티로 삼기에 가장 좋은 상대적 요건으로 작용한다.

　유진 로건Eugene Rogan 옥스포드대 중동역사학과 교수는 이란과 사우디의 갈등을 볼 때 국가의 규모 측면에서 이란은 사우디에 상대가 되지 않기 때문에 이란의 중동 지역 영향력은 점차적으로 사우디에 밀릴 수밖에 없을 것으로 진단했다. 그러나 이 둘의 관계는 국제기구 등의 강제적 개입이 없는 한 풀리지 않기 때문에 갈등을 풀 수 있는 세계적 해결책이 나오지 않는 한 이는 지속될 수밖에 없다고 봤다.

다보스에서도
뜨거운 감자 '북핵'

타협이 필요한 반세기의 과제, 한반도 평화

2017년, 한반도와 동북아시아를 넘어 전 세계를 불안에 휩싸이게 했던 북한 핵 실험과 미사일 발사는 2018년 초입으로 넘어왔어도 여전히 '뜨거운 감자'였다. 2018년 다보스포럼에 한·미·중 세 나라의 최고 외교안보 전문가가 출동하는 세션이 일찌감치 준비된 것은 물론 행사 폐막 연설자로 나선 도널드 트럼프 미국 대통령도 연설의 일부를 북핵 문제에 할애했다. 트럼프 대통령은 "미국 정부는 한반도 비핵화를 위해 최대한의 압박maximum pressure을 하는 데 모든 문명국들이 함께 동참하도록 해온 점을 자랑스럽게 생각한다"고 한반도를 직접 거론했다. 그는 "우리의 공동된 안보를 위해 모든 국가가 자신의 몫을 해야 한다"고 주문했다.

해결해야 할 과제는 하나이고 지향하는 바는 '평화'로 수렴된다. 그러나 이해관계가 서로 다른 당사국과 주변국은 저마다의 시각과 해법을 주장한다. 이 탓에 한반도 사정은 1945년 광복과 1950년 한국전쟁으로 분단이 된 후 반세기 이상의 시간이 흘렀음에도 사실상 조금도 진전된 게 없다. 도리어 그 수십 년의 세월 동안 해결책 도출은 요원해지고 갈등만 깊어진 양상이다.

2018년 다보스포럼 '한반도 전략 지형도(Strategic Geography: The Korean Peninsula)' 세션에서도 이런 시각차에 따른 교착 상태를 확인할 수 있었다. 결국에는 당사자 중 어느 한쪽이 대승적으로 크게 양보하거나 모두가 조금씩 타협해야 한다는 것을 알고 있지만, 누구도 감히 그런 결단을 내릴 준비가 되어 있지 않다는 점을 상기시키는 자리였다.

북한 핵미사일 도발 vs 한미 군사훈련

특히 미국과 중국을 대표해서 나온 연사들의 입장이 명확히 엇갈렸다. 가장 직접적인 당사자지만 한국은 이러지도 저러지도 못하는, 둘 사이의 어디쯤에서 어느 한쪽의 편을 들거나 입장을 취하지도 못하고 스스로의 명확한 태도 역시 보이지 못했다.

먼저 쑤거蘇格 중국국제문제연구원장은 중국 정부의 입장 그대로 '쌍중단'을 제안했다. 쌍중단은 북한의 핵미사일 도발과 한미 군사훈련을 동시에 멈추는 것이다. 쑤거 원장은 "한미 연합 군사훈련을 중단하고 북한도 미사일 실험을 중단하면 기회가 생길 것"이라며 "평창동계올림픽 이후 군사훈련을 재개하면 북한이 대응할 것이고, 그러면 다시 원점으로 돌아가게 된다"고 말했다.

쑤거 원장은 "'눈에는 눈, 이에는 이' 식의 앙갚음·보복tit for tat 전략은 효과가 없다"고 주장했다. 그는 "'강압적 외교coercive diplomacy'와 억제책은 지난 수십 년간 먹히지 않았다"며 "북한(그리고 정권 수뇌부)의 안전security을 보장하고, 모든 가능성을 제공해야만 북한이 협상의 장으로 나설 수 있다"고 강조했다. 그는 '이미 구석에 몰린 적을 더욱 침울하게 만들지 말라'는 옛말까지 인용해 북한을 강하게 압박하는 것은 무용지물이라는 견해를 전달했다.

동맹관계인 한국과 미국은 매년 크게 두 차례 합동 군사훈련을 진행한다. 2~3월는 키리졸브KR·독수리FE 훈련을, 8~9월에는 을지프리덤가디언Ulch Freedom Guardianm, UFG 훈련을 한다. 앞선 훈련은 미군 주도로, 후자는 한국군이 주가 된다. 2018년에는 평창동계올림픽을 맞아 남북이 하나 되고 세계 평화를 증진한다는 대의명분하에 상반기에 펼쳐지는 키리졸브·독수리 훈련을 패럴림픽이 끝난 이후로 미루기로 했다.

이들 훈련은 한반도 유사시를 대비해 이지스함과 주한미군의 고고도미사일방어체계인 사드THAAD 등 각종 전략자산들이 동원되어 북한에 화력을 보여주는 것이다. 동원되는 병력도 키리졸브 훈련은 미국 본토 증원 전력까지 포함하면 20만 명에 달하는 것으로 알려져 있다.

2015년까지는 훈련 시나리오가 북한의 남침을 전제로 짜여졌지

애슈턴 카터 전 미국 국방장관은 '억제와 방어'라는 개념을 들어 군사적 대비를 멈추는 것은 올바른 해결책이 아니며, 한·미·중·일·러가 모두 힘을 합쳐 당근과 채찍을 같이 구사해야만 북핵 문제가 해결될 것이라고 했다. ⓒ세계경제포럼

만, 그 이후부터는 적극적인 태세로 전환한 것으로 전해진다. 여기에는 대북 선제타격 계획이 포함된 작전계획에 따라 북한의 미사일 기지를 공격하고, 북한 정권의 수뇌부를 제거하는 것도 훈련의 일환으로 포함되어 있다고 한다. 이에 북한은 한미 연합 군사훈련에 대한 거부감이 크다. 해당 군사훈련을 '무분별한 북침 전쟁 연습 책동'이라고 부르며 사실상 북한 정권을 무력으로 붕괴시키겠다는 의도가 깔려 있는 것이라고 받아들인다.

미국 오바마 정부에서 국방장관을 지낸 애슈턴 카터Ashton Carter 하버드대 벨퍼연구소장은 중국 측의 견해에 동의하지 않았다. 북한의 핵미사일 실험 중단과 한미 연합 군사훈련을 '사과와 오렌지apples and oranges'라고 부르며 둘은 상호교환 및 거래관계가 성립하지 않는다고 주장했다. 사과와 오렌지라는 표현은 서로 다른 두 가지를 가리킨다. 한국말로는 '천양지차天壤之差', 즉 하늘과 땅 차이 정도의 개념으로 완전히 다르다는 의미다.

카터 전 장관은 대신 "'억제와 방어deterrence and defence'는 반드시 추구해야 한다"고 주장했다. 그는 "억제는 한미동맹에 기반한 군사적 준비"라며 "이를 위해서는 군사훈련이 필요하다"고 중국 측의 주장을 정면 반박했다. 이어 "군사훈련을 중단하고 북한의 도발을 완화하는 게 괜찮은 수법으로 보이지만 그렇지 않다"며 "둘은 서로 동등한 관계가 아니다"라고 말했다.

카터 전 장관은 북핵 문제 해결에 '당근과 채찍'을 동시에 동원하는 게 가장 효과적이라고 했다. 미국은 북한에 채찍을 휘두르는 데 익숙하고 북한에 줄 당근은 많지 않다고 설명했다. 중국은 미국과는 사정이 달라 당근으로 제공할 만한 더 넓은 선택지가 있다는 게 카터 전 장관 생각이다. 미국과 중국, 한국, 일본이 합심해야 하는 이유도 여기에 있다. 당근과 채찍을 겸비할 수 있는 해결책을 만들 수 있어서다.

중국에 당근이 많다고 해서 미국이 "중국이 북핵 문제를 해결해야 한다"고 말할 순 없다고도 했다. 그는 "미국은 이 문제의 본질"이라며 "이런 중요한 문제는 외주outsource를 줄 수 없다"고 강조했다.

강경화 장관의 다자주의 외교

강경화 외교부 장관은 다자주의 외교의 결정판인 UN(국제연합) 출신다운 의견을 냈다. 국제사회가 채택한 결의안과 각종 북한 제재는 반드시 필요한 것이고 효과를 보고 있다는 주장이다. 특히 북한에 왕래하는 선박을 제재 대상으로 포함시키고 선박 간 거래마저 막은 것은 의미가 있다는 평가다. 강 장관은 "북한이 태도를 바꾸지 않는다면 계속해서 추가 제재를 마주하게 될 것"이라며 "도발을 하면 할수록 더 많은 제재와 압박이 뒤따를 것"이라고 말했다.

그러면서 UN 안전보장이사회 상임이사국인 중국과 러시아의 협조를 촉구했다. 결의안과 제재는 안보리 공동 명의로 나오는데, 북한의 전통적 우방인 중국과 러시아는 국제사회의 눈을 피해 북한을 암암리에 우회적으로 지원한다. 이를 겨냥한 듯 강 장관은 "제재는 안보리의 단결된 행동이 있을 때만 강력한 힘을 발휘할 수 있다"며 "미국과 중국, 러시아의 큰 역할이 요구된다"고 했다.

강 장관은 개성공단 재가동에 대해서도 "아직은 시기상조"라고 밝혔다. 그는 "경제 협력을 얘기하기 전에 유의미한 비핵화 관련 조치가 있어야 한다"고 말했다.

북한의 추가 도발에 대한 경계와 대응책이 마련되어 있다는 이야기도 강 장관은 했다. 그는 다보스 현장에서 로이터통신과 인터뷰하면서 "추가 도발 가능성은 항상 있다"며 "우리(한국 정부)는 무슨 일이 일어나든 모든 가능성에 대비한 비상 대응책contingency scenarios이 준비되어 있다"고 밝혔다. 그러면서 "올림픽을 기회로 마련된 남북대화

강경화 외교부 장관은 북한과 경제협력을 얘기하기 전에 유의미한 비핵화 조치가 필요하다고 말했다.
©세계경제포럼

가 핵개발 프로그램에 대해서도 다룰 수 있는 계기를 만들 것"이라고 말했다.

북한을 어떻게? 비핵화와 핵보유국 사이

다보스에 모인 외교안보 전문가들은 북한에게 두 가지 길이 있다는 데 의견의 일치를 봤다. 하나는 지금처럼 국제사회의 뜻에 반해 핵개발과 미사일 실험을 계속하면서 고립과 공멸을 자처하는 것이고 나머지 하나는 협상과 대화를 통한 경제 발전과 번영으로 나가는 것이다. 쑤거 중국국제문제연구원장은 "미국과 북한은 결국 1953년의 정전협정을 대체할 평화조약을 필요로 한다"고 말했는데, 카터 전 장관도 이에 수긍했다. 카터 전 장관은 "북한이 후자의 길을 택하면 그 길에 미국과 북한이 수교를 맺을 수도 있는 것"이라고 화답했다.

쑤거 원장은 강경책은 더 이상 무의미하기 때문에 6자회담을 열어야 한다고 했다. 일말의 가능성이라도 북한을 협상장으로 끌어낼 수 있다면 시도할 만한 가치가 있고, 6자회담이 그나마 평화와 안정을 위한 가장 효과적인 수단이라고 봤다.

다보스 현장에서는 "북한의 비핵화가 현실성이 없다"는 지적과 함께 "북한을 핵보유국으로 인정하자"는 주장도 나왔다. 미국의 억만장자 투자자 조지 소로스George Soros 소로스펀드 회장은 "미국은 북한이 핵 보유국이 됐다는 것을 받아들이지 않고 거부한다"며 "이는 북한으로 하여금 가능한 한 빠르게 핵능력을 개발하는 유인책이 되고, 핵전쟁으로 향하는 과정이 된다"고 말했다. 그러면서 "이는 결국 미국이 자국의 우월한 핵 능력을 선제적으로 사용하는 쪽으로 유도하는 결과를 낳을 수 있다"며 "핵전쟁을 막기 위해 핵전쟁을 시작하는 명백히 자기 모순적self-contradictory인 전략"이라고 비판했다. 이어 그는 "트럼프 정부는 전 세계에 위험이라고 생각한다"며 "하지만 아주 일시적인 현상이고 2020년 혹은 그 전에 사라질 것으로 본다"고 말했다. 2020년은 미국 대통령 선거가 있는 해다.

북한 비핵화 가능성과 관련 카터 전 장관은 다음과 같이 말했다.

쑤거 중국국제문제연구원장은 한미합동군사훈련과 북한 핵실험을 동시에 멈추는 '쌍중단'을 단기적 해법으로 제시하며 모든 가능성을 열어 둬야만 북한이 북핵 협상장으로 나올 수 있다고 말했다. ©세계경제포럼

"비핵화는 전 세계 공통의 입장이다. 북핵을 인정하는 것은 안전한 길이 아니다. 혹자는 '북한을 그냥 내버려 둬라. 소련처럼 붕괴할 것이다'라고 말하지만 이 의견에는 동의할 수 없다. 북한은 이런 사례에 해당하지 않는다고 본다. 북한은 핵 방어막 뒤에서 더 도발적으로 변할 것이다. 핵무기를 거래할 수도 있고, 통제력을 상실할 수도 있다. 북한을 핵보유국으로 인정하는 것은 (현실성 여부를 떠나서) 안전하지 않다."

이근 서울대 국제대학원 교수는 북한이 2017년 핵미사일 프로그램을 사실상 완성시킨 것으로 보고 있다. 이근 교수는 평창동계올림픽

등을 이용해 미국의 눈을 돌리고 평화 분위기를 조성해갈 것으로 전망했는데 실제로 북한은 평창동계올림픽을 계기로 유화적인 태도를 취했다. 김정은 정권이 몇 해 전부터 준비해왔던 목표를 달성했기 때문에 대화 국면에 들어갔다는 진단이다.

이근 교수는 한국 정부는 한미동맹을 지켜나가는 한편 북한과의 대화 채널도 확장시켜야 한다고 주문했다. 미국 북한과 지속적으로 채널을 확장시켜 나가는 것이 앞으로 한국 정부가 해나가야 하는 중대한 과제라는 분석이다.

중국의 경우 한반도가 어느 정도 안정화된다면 지금의 상태를 유지하는 것에 대해 이의가 없을 것으로 이근 교수는 내다봤다.

글로벌 리스크,
'사이버 위기'

5대 위험요인에 사이버 공격과 데이터 사기

세계경제포럼은 해마다 스위스 다보스에서 열리는 연차총회 개막에 앞서 '글로벌 리스크 리포트'를 발표한다. 2018년 나온 13번째 보고서에는 사이버 보안이 특히 강조됐다. 사이버 공격과 데이터 사기·위협이 세계경제포럼이 꼽은 2018년 발생 가능성이 높은 5대 위험요인 가운데 나란히 3위와 4위를 기록했다. 사이버 공격은 2014년, 데이터 사기·위협은 2017년 보고서에서 각각 5위에 오른 적이 있다. 하지만 이처럼 둘이 동시에 그보다 높은 순위를 기록한 것은 2018년이 처음이다.

세계경제포럼이 사이버 보안에 특히 주목하는 이유는 2017년의 뼈아픈 경험 때문으로 보인다. 2017년 6월, 맬웨어malware(컴퓨터 시스템 파

2016년	2017년	2018년
난민 위기	극한 기상 이변	극한 기상 이변
자연 재앙	난민 위기	자연 재앙
기상 변화 적응 실패	자연 재앙	사이버 공격
지역 간 충돌	테러 공격	데이터 사기 절도
자연 대참사	데이터 사기 절도	기상 변화 적응 실패

자료: 세계경제포럼

괴 프로그램) '낫페트야NotPetya'가 우크라이나 등에서 심대한 피해를 입혔다. 국제 물류 운송업체 페덱스FedEx는 낫페트야 공격을 받고 일부 전산 시스템이 사실상 복구 불능 상태에 빠졌다. 낫페트야 공격으로 페덱스, 머크Merck, 머스크Maersk는 2017년 3분기에만 각각 3억 달러의 손실이 발생한 것으로 공시했다.

이에 앞서 2017년 5월에도 유사한 사건이 있었다. 랜섬웨어 '워너 크라이'는 전 세계 150여 개 국가를 강타했다. 병원과 은행, 기업 등 주요 기간 시설의 컴퓨터와 서버 30만 대를 마비시켰다. 테러범들은 정상화 조건으로 거액을 요구하는 등 총 수십억 달러의 손해가 났다.

그동안 영화에서나 보던 사이버 테러가 현실이 된 것이다.

미국과 영국은 정밀 추적 후 워너크라이 사태의 배후로 북한을 공식 지목했다. 북한은 2014년 소니픽처스 해킹과 2016년 방글라데시 중앙은행 해킹 사건, 2009~2013년 한국에서 발생한 정부 기관과 언론사 등에 대한 해킹 사건에서도 배후로 지목된 바 있다. 최근 암호화폐(암호화폐) 거래소 해킹 사건과 관련해서도 북한 배후설이 나왔다.

2018년 동아시아를 위협하는 위험요인 다섯 가지 중 사이버 공격은 단연 가장 최상위를 차지했다. 자산 가격 거품과 재정 위기가 각각 2위와 3위를 차지했고, 실업·불완전 고용과 에너지 가격 충격이 뒤를 이었다. 전통적인 위험요인들보다 사이버 테러가 훨씬 위협적인 것으로 부각됐다.

통계를 봐도 사이버 공격은 최근 5년 사이에 급증했다. 기업체를 대상으로 한 사이버상 공격은 2012년 68건에서 2017년 130건으로 2배 가까이 늘어났다. 2016년 한 해 동안만 3억 5,700만 개의 변종 맬웨어가 감지됐고, 금융계좌 정보를 탈취할 목적의 악성 소프트웨어는 단돈 500달러면 구입할 수 있는 정도가 됐다.

클라우드 서비스와 사물인터넷Internet of Things, IoT이 대중화되면서 사이버 공격 위험은 이에 비례해 증가할 것으로 전망된다. 2017년 전 세계 인구는 7억 6,000만 명으로 집계되는데, 사물인터넷으로 연결된 기기는 이 숫자를 넘어선 8억 4,000만 대다. 이에 따라 사이버 테러에 대응하기 위해 향후 5년간 8조 달러의 비용이 지출될 것으로 예상됐다.

세계경제포럼은 사이버 보안의 중요성을 강조할 목적으로 스위스

제네바에 '글로벌사이버보안센터Global Centre for Cybersecurity'를 새롭게 열었다. 암호화폐 발전 등에 따라 점점 더 우려가 커지고 있는 보안 문제에 체계적으로 대처하기 위함이다.

자연환경 변화, 지정학적 위기도 위험 요인

세계경제포럼은 기술 발전에 따른 역효과 외 발생 가능성이 높은 위험으로 자연환경 변화를 인류 최대의 적으로 지목했다. 폭염·한파 등 극단적 기상이변과 허리케인·지진 등 자연재해는 인류 생존을 위태롭게 할, 가장 가능성 높은 위험 요인 1위와 2위에 올랐다. 5위에는 기후변화 대응 실패가 자리했다.

10년 내 위험이 현실이 됐을 때 가장 큰 영향을 미칠 위험요인과 관련해서는 2017년과 2018년 사이에 큰 변화가 없었다. 대량 살상 무기가 최대 위협으로 지적됐고 극단적 기상이변, 자연재해, 기후변화 대응 실패, 물 부족 순으로 뒤를 이었다.

2018년 보고서에는 1,000명에 가까운 전문가를 대상으로 한 설문 조사 결과도 포함됐다. 2017년과 비교해 2018년에 위험도가 더 커질 것으로 예상되는 분야가 어디인지를 물었는데, 강대국 사이의 정치·경제적 갈등 내지 마찰이 커질 것으로 보는 응답이 93%에 달했다. 전문가들의 79%는 "국가 간 군사적 갈등이나 급작스러운 충돌이 증가할 수 있다"고 답했다. 다자간 무역 협정이나 규칙들이 약화될 것으로 보는 전문가도 4명 중 3명이 넘는 78%나 됐다. 기후변화와 관

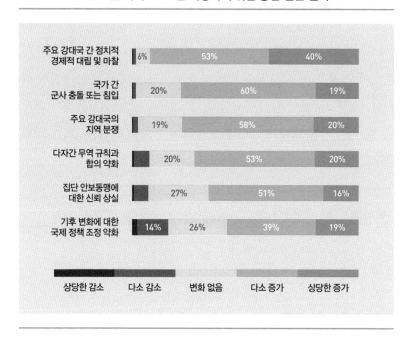

자료: 세계경제포럼

련한 국제 공조의 약세를 점치는 전문가도 절반이 넘는 58%였다.

도널드 트럼프 미국 대통령과 시진핑 중국 국가주석, 아베 신조 일본 총리 등 소위 '스트롱맨' 정치가 전 세계적으로 횡행하면서 지정학적 위기가 덩달아 고조되고 있다는 지적이다. 특히 트럼프 대통령은 '미국 우선주의America First'를 앞세우며 WTO(세계무역기구) 출범 후 안정적으로 자리 잡은 세계 무역 질서마저 일거에 흔들어놓았다.

'워너크라이'의 사이버 공격이 초래한 혼란

세계경제포럼은 2018년 중 제네바에 글로벌사이버보안센터Global Centre for Cybersecurity를 연다고 밝혔다. 암호화폐 발전 등에 따라 점점 더 우려가 커지고 있는 사이버 보안에 체계적으로 대처해 나가기 위해서다. 세계경제포럼은 사이버 범죄와 사이버 전쟁 위험을 본격적으로 경고했다. 전 세계가 인터넷을 통해 연결되는 4차 산업혁명 시대에 사이버 범죄로 인한 피해가 더욱 커질 것이기 때문이다. 비트코인 열풍이 일고 있는 가운데 코인거래소 해킹 사건도 심심치 않게 일어나고 있다. 또 국가와 각종 집단 간에 사이버 공간을 통한 전쟁이 재래식 전쟁보다 훨씬 더 큰 피해를 줄 것이라는 전망은 점점 더 설득력을 얻고 있다.

2017년 5월 발생한 랜섬웨어인 '워너크라이WannaCry'의 사이버 공격이 초래한 혼란은 위기의 서곡일 뿐이다. 랜섬웨어는 컴퓨터 시스템을 감염시켜 접근을 제한한 후 일종의 몸값을 요구하는 악성 소프트웨어다. 워너크라이 사태 당시 150여 개국 23만 개의 컴퓨터가 감염됐고 병원 응급의료망도 공격당했다. 특히 4차 산업혁명으로 인해 생산성이 비약적으로 증가하는 효과가 있는 반면 사이버 공간에서의 위험은 계속 높아지고 있어 대응책 마련이 시급하다는 지적이다.

지카 크리거Zvika Krieger 세계경제포럼 4차 산업혁명 기술정책총괄은 "2017년 5월 발생한 '워너크라이' 랜섬웨어 사태는 사이버 보안에 대한 중요성을 새삼 깨닫게 되는 계기가 됐다"며 "정부 학계 민간 등 여러 분야가 손을 잡고 사이버 보안에 대비를 해 나가야 한다"고 말했

• 국가별 사이버공격 대비 정도 •

국 가	그래프	점 수
미 국		0.824
캐나다		0.794
호 주		0.765
말레이시아		0.765
오 만		0.765
뉴질랜드		0.735
노르웨이		0.735
브라질		0.706
에스토니아		0.706
독 일		0.706
인 도		0.706
일 본		0.706
한 국		0.706
영 국		0.706
오스트리아		0.676
헝가리		0.676
이스라엘		0.676
네덜란드		0.676

자료: AB 리서치·ITU·글로벌 사이버보안지수, 단위: 점수

다. 세계경제포럼 데이터정책 총괄인 앤 토스Anne Toth는 "2020년까지 500억 개의 기기가 연결된다"며 "데이터 안전이 중시될수록 블록체인 시대가 빨리 다가올 것"이라고 말했다.

리스크는 작고 수익은 큰 사업, 사이버 범죄

세계경제포럼은 2017년 6월 발표한 보고서에서 컴퓨터를 오염시키는 사이버 범죄는 리스크는 작고 수익은 큰 일종의 사업 형태로까지 변질되고 있다고 진단했다. 세계적인 컴퓨터 보안업체 맥아피McAfee는 사이버 범죄로 인해 지불하는 비용이 4,000억 달러에 달할 것으로 전망했다. 이 회사는 2019년까지 이 비용은 2조 1,000억 달러에 달할 것으로 예상했다.

금융 시스템과 기간 전산망 등을 일거에 마비시키는 사이버 공격은 향후 재래식 전쟁보다 더 큰 위협이 될 것이다.

4차 산업혁명으로 인터넷을 통한 연결은 한층 강화되고 있다. 국가와 개인, 기업 간의 연결성이 높아지면서 사람들이 일하고 교류하는 방식은 빠른 속도로 변하고 있다. 인터넷을 통해 조직화되고 많은 아이디어를 교류하는 세상이다. 유엔무역개발회의UNCTAD에 따르면 2016년에 약 22조 달러의 상품과 서비스가 인터넷 거래인 e커머스를 통해 이뤄졌다. 이는 전 세계 국내총생산GDP의 3.1%에 달한다.

사이버 범죄자들이 이런 인터넷 공간에 손쉽게 침투할 수 있게 된 것도 범죄 위험을 높이는 요인이다. 보고서는 "아무리 복잡한 컴퓨터라도 단점은 있게 마련이고 이를 통해 범죄자들이 활동할 수 있는 공간을 내주게 된다"고 진단했다. 이 때문에 범죄를 예방할 수 있는 소프트웨어를 개발하고 모니터를 강화하는 것이 필수적이라고 강조했다.

보고서는 또 디지털 연구·컨설팅 기관인 ABI리서치 자료를 인용해 국가들이 사이버 공격에 얼마나 잘 준비되어 있는지를 나타내는 사이버보안지수도 발표했다.

미국이 사이버보안지수 0.824를 기록해 비교 대상 국가 중 가장 높아 사이버 범죄 예방을 가장 잘하는 것으로 조사됐다. 이어 캐나다(0.794), 호주·말레이시아·오만(0.765), 뉴질랜드·노르웨이(0.735) 순으로 높았다. 한국은 브라질·에스토니아·독일·인도·일본·영국 등과 동일한 0.706을 기록했다. 오스트리아·헝가리·이스라엘·네덜란드·싱가포르, 라트비아 등이 뒤를 이었다. 경제적으로 한국보다 한참 뒤떨어진 말레이시아와 오만 등이 높은 점수를 받은 것이 주목할 만하다.

사이버 보안 교육과 바이러스에 대한 대응력

사이버 범죄를 넘어선 사이버 전쟁에 대한 위험도 커지고 있다. 미국은 과거 '스턱스넷Stuxnet'이라는 바이러스를 통해 이란의 핵 농축 우라늄 시설을 공격해 성과를 거두기도 했다. 또 2014년에는 미사일 발사 직전에 전자기기 작동을 교란시키는 발사 직전 교란left of launch을 통해 북한의 미사일 발사를 사전에 막기도 했다.

하지만 최근에는 정부와 민간의 협업이 이뤄지지 않아 이 같은 작전이 원활히 진행되지 않고 있다고 보고서는 지적했다. 인터넷의 익명성과 원거리 조정 가능성이 높아지면서 사이버 범죄는 위험은 낮고 수익은 높은 일처럼 되고 있다는 지적이다. 실제로 2016년 뉴욕에 있는 방글라데시 중앙은행 계좌로부터 8,100만 달러가 인출당하는 사건이 발생하기도 했다.

특히 사이버 무기는 가장 위협적인 존재로 떠오르고 있다. 긴장감이 높아지고 있는 중동 등 지역에서 사이버 무기를 이용한 공격은 치명적인 피해를 야기할 수 있기 때문이다. 보고서는 사이버 범죄와 전쟁을 막기 위해서는 우선 온라인 인프라스트럭처와 정보 자산을 보호할 수 있는 국제적인 플랫폼을 구축할 것을 제안했다. 또 핵심적인 운영 시스템은 인터넷을 통해 접근이 어렵도록 만들고 사이버 공격에 대한 모니터링을 한층 더 강화해야 한다고 강조했다. 보고서는 이어 "더욱 중요한 것은 정부와 민간 부문의 공조를 이끌어낼 수 있도록 투명성을 강화하는 것"이라고 지적했다.

세계경제포럼은 이와 함께 개인이나 기업 국가기관들이 사이버 공

한국거래소 관계자들이 사이버 보안 상황을 점검하고 있다.

격을 효과적으로 막을 수 있는 9가지 방법에 대해서도 설명했다. 우선 운영체계와 웹브라우저, 안티 바이러스 소프트웨어 등은 항상 최신 상태로 업데이트해야 한다. 다음으로 다른 컴퓨터와 불필요한 연결 상태를 유지하지 말 것을 강조했다.

또 항상 암호를 통해 컴퓨터에 접근하도록 하고 중요한 데이터와 프로그램은 항상 백업해 놓아야 한다고 주문했다. 이메일에 있는 링크는 항상 체크하고 불필요한 첨부파일은 열지 말고 소프트웨어를 함부로 다운받는 행위도 삼가야 한다. 기업과 각종 기관 종사자들의 사이버 보안 교육을 강화하고 외부 바이러스 침투에 대한 대응력을 매년 테스트해 건강한 상태를 유지해야 한다. 이 밖에 사이버 공격에 대응하기 위한 커뮤니티를 만들어 집단적인 대응력을 키우고 사이버 공격을 모니터링한 기록을 계속 보유하고 있는 것도 중요하다.

급팽창하는
e커머스, 디지털 격차

선진국에만 국한되는 디지털 시장의 수혜?

알리바바와 징둥닷컴 등 이커머스 기업들이 전 세계를 대표하는 인터넷기업으로 성장하며 영향력을 기하급수적으로 확대함에 따라 전자상거래에 있어 디지털 격차digital divide에 대한 이야기도 하지 않을 수 없다. 최근에는 디지털 시장 확대에 따른 수혜가 선진국에만 국한된다는 우려의 목소리도 나온다. 이와 관련해 마윈 알리바바그룹 회장과 호베르토 아제베도Roberto Azevedo 세계무역기구 사무총장, 메르세데스 아라오스Mercedes Araoz 페루 부통령 등은 다보스포럼에서 대담을 통해 자신들의 입장을 밝혔다.

마 회장은 "나는 '전자상거래가 곧 미래(e-Commerce is future)' 라고 믿는다"며 전자상거래가 현재 비즈니스 구조를 완전히 바꿀 것이라고

마윈 회장은 '전자상거래가 곧 미래'라고 믿는다"며 전자상거래가 현재 비즈니스 구조를 완전히 바꿀 것이라고 예언했다. ⓒ세계경제포럼

예언했다. 그는 전자상거래는 대기업과 선진국만을 위한 것이 아니라 중소기업, 소규모 사업자, 개발도상국가들에게 많은 기회를 제공한다고 말했다. 이런 측면이 청년들을 전자상거래에 열광하게 하고, 이는 곧 산업의 미래가 밝음을 의미한다고 했다.

마 회장은 현재 벌어지는 보호무역주의 논란과 관련해 "무역을 멈춘다는 것을 불가능하다"고 단호하게 입장을 밝혔다. 그는 "핸드폰 하나로 손쉽게 전 세계에서 물건을 사고팔고 배달하고 결제도 할 수 있는 세계, 여권이 없어도 전 세계를 여행할 수 있는 시대의 도래를 보호무역주의가 막지는 못할 것"이라며 "무역은 문제를 해결하는 솔루션이 되어야지 무기가 되어서는 안 된다"고 말했다.

아라오스 페루 부통령도 마 회장 의견에 동의하며 자유무역과 전자상거래가 주는 이점을 언급했다. 그는 "무역은 상대국이 아닌 자국에게도 분명한 이득이고 전자상거래는 중소기업들의 세계시장 진출

기회를 증진시키는 데 긍정적인 영향을 끼친다"며 "디지털 지식은 기업역량을 강화하고 해외 기업과 자금이 국내로 유입되는 것을 돕는다"고 말했다.

'디지털 격차', 글로벌한 차원에서 해결해야…

기술 발전과 함께 국가 간, 개인 간 발생하는 격차에 대한 우려와 규제에 대한 의견들도 오갔다. 호베르토 아제베도Roberto Azevedo 세계무역기구 사무총장은 "전 세계 인구 중 40억 명은 여전히 인터넷에 접근하지 못하고 있다"며 "이러한 '디지털 격차digital divide'를 줄이는 것은 중요하고 이는 한 국가가 아닌 글로벌한 차원에서 다뤄져야 하는 이슈"라고 말했다. 그는 WTO가 글로벌 전자상거래에 대한 새로운 무역규칙을 제정할 필요성을 인지하고 있음을 언급하며 이를 위해 각국 정부와 산업, 민간부문의 이해와 통합이 전제되어야 할 것이라고 말했다.

마윈 알리바바 회장은 민간부문과 공공부문 역할의 중요성엔 공감했지만 정부의 지나친 규제에 대해서는 우려를 표했다. 그는 "1994년 겨울 밤 베이징에서 IT전문가들이 모여 어떻게 인터넷을 '규제regulate'할 것인지 논의했다. 그러나 그로부터 20여 년 후, 그것들은 단지 기우에 불과했다는 것을 알 수 있다"며 "정부는 경험으로부터 배운다. 경험이 아닌 우려와 걱정이 증폭시킨 규제는 정말 불필요하다"며 정부의 태도 변화를 촉구했다.

거대 IT 기업들의 조세회피 논란

국제탐사보도언론인협회ICIJ가 폭로한 2016년 '파나마 페이퍼스 Panama Papers'와 2017년 공개한 '파라다이스 페이퍼Paradise Paper'는 전 세계에 큰 파장을 불러왔다. 엘리자베스 2세 영국 여왕과 팝스타 마돈나, 저명한 대기업의 자금관리자들의 이름이 조세회피 명단에 올랐기 때문이다.

2017년 불거진 미국 정보기술IT 대기업의 조세회피 분쟁에서 애플과 아마존 등의 거대 IT 기업들이 법인세가 낮은 아일랜드와 룩셈부르크 등 세율이 낮은 국가에 지역 본부를 차리고 세금을 회피해온 사실이 알려져 논란이 일었다. 다국적 기업과 개인이 보유한 자산 7조 이상이 역외시장에 쌓여 있고, 대기업들이 끊임없이 조세를 회피하려 노력하는 현실에서 이를 방지하기 위해 전 세계가 함께 찾을 수 있는 최적의 방안은 무엇일까?

스티글리츠 컬럼비아대 교수는 "현재 글로벌 세금 시스템은 사람들이 합법적으로 세금을 회피할 수 있는 유인을 제공한다"며 "국가들이 경쟁적으로 세금을 낮춘다면 그 바닥이 어디일지 알 수 없다. 이런 관점에서 볼 때 아일랜드는 국제무대에서 나쁜 플레이어"라고 말했다.

이에 대해 파스칼 도노호Pascal Donohoe 아일랜드 재무부총리는 "OECD가 세운 세금피난처safe haven 기준에 따르면 아일랜드는 그 기준에 들지 않는다"며 "아일랜드는 경제규모가 작고 지리적으로 유럽 끝에 위치한 약점을 극복, 일자리를 창출하고 투자를 활성화하기 위해 법인세를 12.5%로 내렸다. 국제적 세금규칙은 준수하면서 국가 경쟁력 제

조지프 스티글리츠 교수는 현재 글로벌 세금 시스템은 사람들이 합법적으로 세금을 회피할 수 있는 유인을 제공한다는 점을 지적했다. ⓒ세계경제포럼

고를 위해 한 일이다"라고 자신들의 정책을 적극적으로 방어했다.

데이비드 세라 알제브리스 창업자 겸 CEO는 거대 IT 기업들의 조세회피 사례를 인용하며 아일랜드의 행보를 비판했다. 세라 CEO는 "구글은 아일랜드에서 2015년 226억 유로의 매출을 올리고 4,800만 유로만 세금으로 냈다. 전체 매출의 0.002%만 세금으로 낸 셈"이라며 "왜 아일랜드가 이를 눈감고 있는지 묻고 싶다"고 따졌다. 그는 이런 시스템이 가능한 이유로 기업들의 조세 회피를 도와주는 과정에서 컨설턴트, 회계사, 관료 등이 이익을 보고 있기 때문이라고 말했다. 이런 잘못된 시스템을 고치기 위해 다국적 기업들이 전체적으로 얼마만큼의 세금을 냈는지 따져볼 것을 제안했다.

위니 비아니마Winnie Byanyima 옥스팜 인터내셔널 사무총장은 돈이 비즈니스가 발생하는 곳에서 다른 곳으로 빠져나가는 것은 심각한 문제라며 글로벌 세금 개혁을 위한 국제 협력 필요성을 피력했다. 피에르 모스코비치Pierre Moscovici 유럽연합 경제분과위원장도 기업들의 조세회피 심각성에 공감을 표하며 "다국적 IT기업들이 정당한 세금을 내도록 하는 방안을 마련할 것"이라고 밝혔다.

시장의 비효율성을 오랫동안 연구해온 스티글리츠 교수는 트럼프 대통령이 조세 회피를 오히려 조장하는 장본인이라며 글로벌 협력을 강화하려면 유럽이 리더로서 행동해야 한다고 주장했다. 또 어디에서 돈을 벌든 매출의 15~20%는 세금으로 내야 한다는 생각이 정상적인 조세체계의 시작일 수 있다고 제안했다.

핵 손에 쥔 김정은…
美 위협 벗어났다 생각해 유화 제스처

― 로빈 니블렛 채텀하우스 소장, 장대환 매경미디어그룹 회장

"핵·미사일 도발을 일삼던 김정은이 유화적으로 나오는 것은 꼭 해야 할 일(핵무력 완성)을 마무리 지어 여유가 생겼기 때문이다."

불과 2017년 말까지만 하더라도 한국정부와의 대화를 일절 거부하고 미국과 군사충돌 일보 직전까지 갔던 북한이 갑작스레 여반장처럼 일사천리로 평창동계올림픽 참가와 남북 대화에 속도를 내고 있는 데 대해 세계적 외교·안보 전문가인 로빈 니블렛Robin Niblett 채텀하우스 (영국 왕립 국제문제연구소) 소장이 내놓은 해석이다. 니블렛 소장은 "김정은이 미국을 위협할 수 있는 수단을 확보함으로써 미국의 위협에서 벗어났다는 판단을 내린 것 같다"고 분석했다. 북한이 느끼는 체제 위협에 대한 체감 강도가 완화됐다는 판단하에 조금 더 개방적인 태도를 취할 수 있게 됐다는 설명이다. 미국 도널드 트럼프 정부의 대북 선제타격이나 김정은 참수작전 가능성은 없다고 봤다. 후폭풍이 예측 불가능할 정도로 거대하기 때문이다.

─ 북한이 평창올림픽 참가를 결정했고 공연단도 보내기로 했다. 핵·미사일 도발을 거듭하며 미국과 주변국을 위협하던 북한이 갑작스레 유화적인 제스처를 보이는 것은 무엇 때문인가. 실제 북한은 평창동계올림픽에 선수단을 참가시켰고 응원단과 공연단까지 보냈다. 김정은의 여동생 김여정은 오빠의 친서를 갖고 '특사' 자격으로 내려와 사흘간 네 차례 문재인 대통령과 만났다. 문재인 대통령을 평양으로 초청하기도 했다. 이런 일련의 유화적 움직임을 통해 2017년 연이은 핵·미사일 도발 당시와는 판이하게 다른 화해·해빙 분위기를 조성했다. 트럼프 정부가 선제타격 등의 수단을 쓸 가능성은 없는가?

니블렛 소장 북한을 선제타격하거나 북한 정권 붕괴를 위해 김정은 참수작전에 나서지는 않을 것이다. 이에 따른 위험이 너무나 거대하고 예측 불가능하기 때문이다. 이건 오사마 빈 라덴을 암살하는 것과는 차원이 다른 문제다. 북한 정권을 끝내려는 시도 자체가 너무나 위험한 것이다. 트럼프는 북핵 문제를 해결하려고 대통령에 당선된 게 아니다. 트럼프는 정권 이양기에 버락 오바마가 말해 주기 전까지는 북한에 대해 들어 본 적이 없다. 반면 오바마는 이런 문제를 해결하려고 당선됐고 당선 첫날부터 해결하고 싶어 했다. 오바마의 취임 연설에 북한 이야기가 들어가 있었다.

— 헨리 키신저는 북핵 이슈와 관련해 미·중 간 빅딜론을 주장했다. 때문에 한국 패싱(무시하고 건너뛰는 것) 논란이 커졌다.

니블렛 소장 키신저는 아주 중국 중심적인 시각을 가진 인물이다. 이론적으로 키신저가 옳을 수도 있지만 그의 생각은 미국 정치, 미국 내 여론과는 좀 거리가 있다. 또 현실에 맞지도 않는다.

— 전후 세계 질서를 주도했던 영국과 미국이 브렉시트와 트럼프 고립주의에 빠지면서 세계 질서 리더십에 공백이 생겼다. 이 때문에 많은 나라의 지도자들이 고민하고 있다. 다보스포럼에 와 보니 브렉시트에 대한 걱정도 여전히 많은 것 같다.

니블렛 소장 사실 브렉시트가 일어나지 않았다면 그게 최상이었을 것이다. 하지만 브렉시트는 결정됐고 이제 이를 되돌릴 수는 없다. 브렉시트에 따른 대가는 치를 수밖에 없다. 어차피 결정된 것이기 때문에 이제는 어떻게 하면 영국에 이익이 되는 방향으로 진행할지에 집중해야 한다. 합리적이고 실용적인 브렉시트Sensible Brexit가 필요하다. 영국은 (유럽) 단일 시장 접근성을 정식 회원국 수준까지 높일 수 있는 방향으로 협상을 해야 한다. 영국이 유럽연합EU 관세동맹 회원국도 아니기 때문에 모든 품목에 대해 0% 관세 목표를 달성하기 위한 협상을 해야 한다. 원산지 문제도 중요하다. 영국이 EU를 떠난 뒤 한국과 양자 협정을 체결한다면 영국이 한국산 재료나 제품, 물건을 영국으로 수입해 EU로 수출할 때 복잡한 원산지 문제가 발생할 수 있다.

– 한국이 아세안에 합류하는 건 어떻게 생각하나? 큰 경제권 2개가 합쳐지는
 것인데…

니블렛 소장 EU는 엄청나고 독특한 강한 통합이다. 다른 지역에서는
이걸 벤치마킹할 가능성이 없다. 아세안은 통합의 정도가 느슨하고 최
소한의 수준에서만 하고 있다. 자유무역 지역인데, 정치적 갈등을 일으
키지 않는다. 공통의 규칙이나 규범도 없는 느슨함이다. 아세안의 한
가지 문제점이라면 인도네시아가 지나치게 크다는 것이다. 아세안 국
가별 경제발전 수준 차이가 크다.

EU는 루마니아 포르투갈이 핀란드의 60~100% 정도다. 라오스는 싱
가포르의 20%나 될까? (아세안 회원국별) 시스템이 아주 다르다. 아세안
은 규모가 작기 때문에 (두 경제권이 합쳐진다 해도) 한국이 얼마나 이득을
취할 수 있는지 모르겠다. (통합을 하면) 외교안보 정책에 제한을 둬야 할
것인데, 이미 둘은 자유무역권으로 아세안–한국 FTA 있지 않나.

한국의 문제는 중국의 시장지배력이 커지고 있다는 것이다. 일본에
게도 이것은 문제다. 일본과 중국은 서로를 필요로 한다. 한국은 (이들
사이에서) 용감해야 하고, 정치적으로도 강해야 하는 국가다. 일본은 아
프리카나 UN 등의 무대에서 적극적이고 싶어 한다. 하지만 이웃 국가
들과의 관계가 엉망이라 항상 제약이 있다. 아세안은 교역, 국경 문제

등 전부 서로 서로를 걱정한다. 하지만 한국은 (일본과 아세안) 그 사이 어디쯤에 있다. 민주주의가 확고하고 주변국과 관계도 꽤 좋다. 국제 무대에서 더 많은 외교안보 역할을 원하고, 아세안 논쟁에 묶여 있지도 않다. 한국은 국제 정치에서 더 많은 외교·안보 역할을 원하고 있다. 하지만 한국은 국내 정치 영향 탓에 강력한 외교·안보 정책을 펴기가 힘들다. 모든 것은 강력한 국내 지지 기반에서 시작한다.

니블렛 소장은 누구?

채텀하우스 소장 로빈 니블렛 박사는 영국 외교 정책과 유럽 정치·경제·안보 전문가다. 미국 정치, 외교·안보에 대해서도 해박하다. 향후 5~10년을 비교적 정확하게 내다본다는 평을 받고 있다. 깊은 통찰과 혜안 덕에 외교·안보를 주제로 한 회의나 강연 등에 연사로 자주 초청받는다.

니블렛 소장은 1961년 영국 태생으로 명문 옥스퍼드대에서 학부와 대학원을 마쳤다. 근대언어학으로 학사를, 국제관계학으로 석·박사 학위를 취득했다. 니블렛 소장은 1988년 미국의 저명한 연구기관인 전략

국제문제연구소CSIS에서 외교·안보 전문가로서 첫발을 내디딘 뒤 20년 가까이 몸담으며 부소장까지 지냈다. 2007년 채텀하우스 소장을 맡으며 모국으로 돌아왔다. 세계경제포럼 국제안보위원회 위원과 북대서양조약기구NATO 정상회의 전문가그룹 의장도 역임했다.

니블렛 소장이 10년 넘게 이끌고 있는 채텀하우스는 '영국 왕립 국제문제연구소'의 또 다른 명칭이다. 왕립 기관인 까닭에 엘리자베스 2세 여왕은 1952년 즉위와 동시에 공식 후원자가 됐다. 2014년 새 건물을 완공했을 때도 여왕이 방문했고 5개월 전 해리 왕자도 채텀하우스를 찾았다. 채텀하우스는 최정상급 외교·안보 분야 싱크탱크(연구기관)다.

1920년 설립되어 2020년이면 100주년을 맞는다. 상근 연구인력은 165명이다. 연구·정책 제안 능력만큼이나 채텀하우스를 유명하게 한 것은 '채텀하우스 룰rule(규칙)'이다. 채텀하우스 룰은 철저하게 익명성을 보장하는 규칙이다. 1927년 고안되어 이 규칙에 따라 진행한 토론에서는 이 자리에 누가 참석했는지, 참석자가 어떤 발언을 했는지 특정하지 않고 보도한다.

이를 통해 논란의 소지가 있고, 다루기 불편한 현안에 대해서도 솔직하고 건강한 토론이 이뤄질 수 있도록 유도한다. 2005년부터 채텀하우스상Chatham House Prize을 제정해 세계를 변화시킨 지도자들에게 시상하

고 있다. 힐러리 클린턴 전 미국 국무장관, 마이크로소프트 창업자 빌
게이츠의 아내 멜린다 게이츠 등이 역대 수상자다.

다보스
휘저은 트럼프

2018년 다보스포럼은 한편으로 '트럼프 포럼'이라고 불릴 수 있을 정도로 도널드 트럼프 미국 대통령의 참석이 행사 시작부터 끝까지 큰 화제였다. 현직 미국 대통령으로는 2000년 빌 클린턴 대통령 이후 처음이었던 데다가 당선 이후 온갖 뉴스를 몰고 다니는 세계 최강대국 정상의 방문이라는 점에서 전 세계의 이목이 집중됐다. 다수의 서방 언론은 "트럼프가 다보스의 모든 관심을 빼앗았다steal"는 취지로 그의 다보스 참석을 대대적으로 보도했다. 미국의 뉴스전문채널 CNN은 "트럼프가 다보스에서 록스타급 환영을 받았다"는 보도를 내보내기도 했다.

이를 허언이나 과장으로 느낄 수 있지만, 실제 트럼프 대통령의 행보를 봤다면 수긍의 의미에서 고개를 끄덕였을 것이다. 그는 스위스 다보스 도착부터 여느 정상과는 차원이 달랐다. 트럼프 대통령과 미국 정부 주요 인사들은 전용 헬리콥터인 '마린원Marine One'을 타고 등장했다. 전체 여섯 대의 헬리콥터가 선단을 이루며 행사장 가까이로 이동했다. 마린원을 중심에 두고 나머지 다섯 대가 전후좌우 사방을 호위하면서 날아오다가 정해진 순서에

폐막연설을 하기 위해 콩그레스센터에 도착한 도널드 트럼프 미국 대통령이 미리 도착해 기다리던 청중들을 향해 손을 흔들고 있다. ©세계경제포럼

맞춰 행사장 외곽의 헬기장에 차례로 떨어졌다. 흡사 군사작전을 방불케 하는 모습이었고, 일부 언론은 이를 생중계하기도 했다.

마린원에서 내린 트럼프 대통령은 준비된 차량에 바로 탑승했다. 트럼프 대통령의 의전 차량은 셰보레Chevrolet의 타호Tahoe로 보였다. 셰보레는 미국의 대표 자동차 제조사 GM의 하위 브랜드다. 타호는 7인승 SUV 플래그십 모델이라고 볼 수 있다. 차량 선택 자체에서부디 트럼프 대통령이 내세우는 '미국 우선주의America First'를 잘 표현하면서 왜 다보스에 왔는지를 상징적으로 설명하는 장면이었다. 선두의 안내에 따라 트럼프 대통령과 미국 정부

대표단을 실은 총 10대의 차량이 간격을 유지한 채 움직이며 다보스 일정을 시작했다.

트럼프 대통령은 1월 25~26일 양일간의 일정을 마치고 미국 워싱턴DC로 돌아갈 때도 조용히 가지 않았다. 다보스에 들어올 때와는 달리 전용기인 '에어포스원Air Force One'을 이동 수단으로 선택했다. 그는 인근의 비행장까지 마린원으로 이동한 뒤 에어포스원으로 환승했다. 미국 군인들의 의전을 받고 손을 흔들며 본국으로 돌아갈 때 역시 시쳇말로 '천조국千兆國'의 위용을 제대로 뽐냈다. 천조국이란 온라인상에서 미국을 비유하는 은어로 미국의 엄청난 국방력과 그를 뒷받침하는 경제력을 빗대는 말이다. 미국이 국방 예산으로만 1,000조 원을 쓴다는 데서 유래했다.

트럼프 대통령의 다보스 참석의 백미는 예정됐던 '폐막 연설'이 아니라 연설 전날 만찬이었다. 트럼프 대통령은 주최 측인 클라우스 슈바프 세계경제포럼 회장과 함께 유럽계 글로벌 기업 CEO들과 저녁식사를 했다. 저녁 장소는 다보스에서 가장 수준 높은 인터콘티넨탈 호텔로 성조기만 6개가 배치됐다. 이 자리에 참석한 CEO(최고경영자)는 모두 15명이었다. 그 면면을 살펴보면 유럽 재계 '올스타All Star'라고 불러도 무방할 정도였다. 조 케저Joe Kaeser 지멘스 회장이 트럼프 대통령의 왼쪽 바로 옆자리를 차지했고 그로부터 시계 방향으로 네슬레, 딜로이트, 노키아, 볼보, 아디다스, 바이엘, HSBC, 토탈, 티센크루프, 노바티스, ABB, 앤호이저부시, SAP의 최고경영진이 원탁에 앉았다.

초대받은 CEO들은 각자 자기소개와 함께 미국 내에서 고용하고 있는 인원과 R&D(연구개발) 등에서 얼마나 투자하고 있는지를 약 1분간 간략히 얘기했다. 발표 형식과 분량, 시간이 짜인 틀에 맞춰진 게 마치 우리나라 5공화국 혹은 6공화국 시절의 대통령 주재 회의나 만찬을 연상케 했다.

CEO들은 법인세를 35%에서 21%까지 획기적으로 낮춘 트럼프 대통령의 세제 개편안에 대해 이구동성으로 칭찬하는 등 찬양 일색의 태도를 취했다. 마크 슈나이더Mark Schneider 네슬레 CEO는 "많은 사람들이 잘 모르지만 공동창업주가 미국인이다. 남북전쟁 때 스위스로 이주했다"는 점을 강조했다. 베르너 바우만Werner Baumann 바이엘 CEO는 트럼프 대통령이 자사의 아스피린을 꼬박꼬박 복용한다는 사실을 상기시켰다. 트럼프 대통령은 이에 바우만 CEO를 향해 웃으며 "하루에 1알씩 먹고 있는데 지금까지는 효과가 좋다"고 호응했고, 하인리히 히싱어Heinrich Hiesinger 티센크루프 CEO에게는 "써봤더니 아주 좋은 엘리베이터"라고 추켜세우며 경쟁사인 오티스와 비교해 규모와 실적을 묻기도 했다.

사실 창출하는 부의 크기로만 따지자면 1월 25일 저녁 만찬을 함께 한 어느 기업도 트럼프 대통령이 운영하는 사업체와는 비교가 안 될 정도로 규모가 크고 기업 운영 수준도 매우 국제적이다. 매출, 이익, 고용 등 모든 면에서 트럼프 대통령의 사업을 압도한다. 이런 짐을 떠올리면 일약 미국 정계의 태풍이 되어 대통령직에까지 오른 그가 완장 찬 선도부장마냥 유력 기업인들을 한데 불러 모아 하나하나 호명하고 미국 내 사업 현황을 듣는 것은 참으로 묘한 느낌이다. 다보스포럼에 온 한 국내 재계 관계자는 이를 보고 "미국 대통령이 아니라면 저 사람들(유럽계 글로벌 기업인들)은 트럼프를 쳐다도 안 봤을 것"이라고 평했다.

트럼프 대통령 개인적으로도 이번 다보스포럼이 첫 참석이다. 그가 대통령이 되기 전 부동산개발업자였을 때나 '셀레브리티 어프렌티스The Celebrity Apprentice'라는 리얼리티 방송으로 유명인이 됐을 때도 다보스포럼에 초청되거나 스스로 이곳을 찾은 적이 없다.

여기서 한 가지 재미난 사실은 트럼프 대통령과 미국 방송국 NBC와의 관계다. NBC는 셀레브리티 어프렌티스를 방영한 방송사다. 트럼프 대통령의 상업성과 상품성을 보고 그가 전국적인 유명세를 타는 데 혁혁한 공을 세웠다고 볼 수 있다. 그런데 트럼프 대통령은 뉴욕타임스, CNN 등과 함께 NBC를 '가짜 뉴스'를 생산하는 언론이라고 몰아세운다. 본인을 스타로 만들어준 방송사에 대고 욕을 하는 셈이다.

미국의 공중파 방송사는 NBC, CBS, ABC 등 모두 세 곳이다. 종합편성채널로 볼 수 있는 FOX까지 더해 네 곳을 주요 방송사로 분류하기도 한다. 미국은 표현의 자유를 엄격히 보장하는 문화적 풍토가 있다. 이에 언론들도 정파적 성향을 거침없이 드러내는 게 일반적이다. 전통적으로 뉴욕타임스는 민주당을, 워싱턴포스트는 공화당을 지지한다. 방송사도 FOX는 보수 성향인 반면 NBC와 CNN 등은 민주당 지지 성향이 강하다.

한마디로 이들은 트럼프 대통령과 정치적 성향이 다르다. 특히 NBC의 케이블 방송인 MSNBC는 정치·사회적 현안을 주로 다루는데, 여기서는 조롱에 가까울 정도로 미국 공화당과 보수·극우 정치인, FOX 방송을 비판·비난한다. 트럼프 대통령이 FOX를 편애하고, 기자회견을 할 때면 자신과 반대 성향 언론에게는 질문 기회조차 잘 주지 않는 이유가 여기에 있다. 자신을 스타덤에 올려 준 방송사에도 가차 없이 '가짜 뉴스' 공격을 퍼붓는 배경이다.

다보스에서도 트럼프 대통령의 가짜 뉴스 발언은 그칠 줄 몰라 그의 폐막 연설은 '역대 최악의 연설'이라는 언론의 평가를 받았다.

유력 정치인과 외교관, 기업인, 학자 등이 모인 데서 "언론이 얼마나 역겹고 사악한지, 가짜 뉴스를 만드는 곳인지 정치를 하고 나서야 깨달았다"고 말하자 청중석에서 야유가 터져 나왔고, 슈바프 회장이 '트럼프 대통령의 리더십이 오해와 편향된 시각에서 해석되고 있다'는 취지로 평하자 또 야유가 빗발쳤다.

트럼프 대통령의 이번 다보스포럼 방문에서 또 하나 흥미로운 점은 영부인 멜라니아 트럼프 여사가 동행하지 않았다는 사실이다. 애당초 같이 가지 않기로 했던 게 아니라 동반 참석하려고 했다가 멜라니아 여사가 이 계획을 취소했다. 그래서 더욱 주목받는 상황이 됐다.

멜라니아 여사의 대변인 스테파니 그리샴은 "개인적 일정을 이유로 최종 불참 결정을 내렸다"고 CNN에 밝혔나. 구체적인 배경에 대해시는 속 시원하게 설명하지 않았다. 각종 추측이 난무한 가운데 미국 정가와 언론계에서는 트럼프 대통령의 '혼외정사설'이 가장 설득력이 있는 것으로 받아들여졌다. 트럼프 대통령의 다보스 참석 10여 일 전인 1월 12일 월스트리트저널 wsj은 트럼프 대통령이 2006년 '스토미 대니얼스'라는 이름으로 활동한 포르노 배우 스테파니 클리퍼드와 성관계를 맺었고, 대통령 선거를 치르기 전인 2016년 10월 자신의 변호사를 통해 해당 성관계에 대해 외부에 발설하지 않는 조건으로 그녀에게 13만 달러의 대가를 지불했다고 보도했다. 2006년은 트럼프 대통령이 멜라니아 여사와의 첫 아이를 얻은 해이기도 하다.

멜라니아 여사와 그의 측근들은 다보스포럼 불참과 남편의 혼외정사와의 관계에 대해 어떤 말도 하지 않았다. 하지만 다보스포럼이 끝나고 1월 말 트럼프 대통령 취임 후 첫 국정연설State of Union에도 부부가 관례를 깨고 따로따로 입장함으로써 둘 사이가 여전히 소원한 게 아니냐는 해석이 나왔다. 그리고 그 원인은 남편의 외도가 결정적일 것이라는 해석에 힘이 실렸다.

추락하는
다보스 내 한국 위상

2018년 다보스포럼에서 '한국의 밤'은 2년 만에 부활했지만 다보스포럼 내에서 한국의 위상이 점점 추락하는 것 같아 아쉬운 마음이 가득했다. 세계경제포럼이 샌프란시스코에 이어 일본, 인도, 아랍에미리트UAE에도 4차 산업혁명센터를 열기로 한 점이 대표적이다. 4차 산업혁명 관련 글로벌 민간 협력 플랫폼을 구축하고 있는 세계경제포럼이 이 같이 전 세계 주요국에 협력 거점을 마련하고 있는데 한국만 소외되는 것 같아서다.

세계경제포럼은 2018년 다보스포럼에서 2017년 첫 설치한 샌프란시스코에 이어 일본, 인도, UAE에 4차 산업혁명센터를 마련하고 이들 국가의 정부, 기업들과 다양한 협력에 나서겠다고 밝혔다. 세계경제포럼의 이런 움직임이 주목받는 것은 4차 산업혁명 관련 산업 정책방향 수립 과정과 생태계 조성에 깊게 관여하고 있기 때문이다. 세계경제포럼 관계자는 "한국에는 4차 산업혁명센터 설치 계획이 아직 없다"고 말했다.

일본 정부와 기업인들은 이번 다보스포럼에서 기자회견까지 갖고 4차 산업혁명센터를 일본에 유치한 것에 큰 의미를 부여한 점이 부러웠다. 일본

일본 정부 관계자와 기업인들이 다보스포럼에서 기자회견을 열고 4차 산업혁명 센터를 일본에 유치한 것에 대해 소감을 밝히고 있다. 맨 오른쪽이 나카니시 히로아키 일본 게이 단렌 회장(히타치 회장).

정부, 재계가 합심해 매달린 결과물이다. 일본은 야나세 타다오柳唯夫 경제산업성 경제산업심의관, 엔도 노부히로遠藤信博 일본전기NEC 회장, 고바야시 요시미쓰小林喜光 미쓰비시케미칼홀딩스 회장 등 정부·민간 리더들이 함께 기자회견을 열었다.

나카니시 히로아키中西宏明 일본 히타치제작소 회장은 "3년 전에 4차 산업혁명 이야기가 나왔을 때 사람들은 회의적이었지만 지금은 이를 적극 활용해야 한다는 논의가 더 많아졌다"며 "4차 산업혁명의 긍정적인 기능을 적극 활용해야 한다"고 말했다.

나카니시 회장은 2018년 5월부터 일본 최대 경제단체인 게이단렌經團連 회장을 겸직하게 됐다. 나카니시 회장은 "비용이 적게 들면서 신뢰할 수 있고 탈중앙집권화를 이루는 블록체인 기술에 주목하고 있다"고 말했다. 나카니시 회장은 "디지털화 과정에서 블록체인을 어떻게 잘 활용할지를 연구하고 있다"고 말했다.

일본은 이렇게 발 빠르게 움직이는 데 비해 한국은 다보스포럼에 뒤늦게 강경화 외교부 장관과 김현종 통상교섭본부장을 파견하는 데 그쳤다. 재계 리더들이 여는 기자회견도 없었다. 야나세 경제산업성 심의관은 "지금의 법률시스템은 블록체인 시대에 맞지 않아 새로운 법체계를 검토하고 있다"고 말했다. 그는 "기존 IT 시스템을 한꺼번에 바꿀 경우 엄청난 매몰 비용이 발생할 수 있다"며 "금융산업 분야부터 블록체인 시스템을 어떻게 무리 없이 적용할지 연구 중"이라고 말했다.

그는 일본이 세계경제포럼이라는 플랫폼을 적극 활용해 4차 산업혁명 시대를 주도할 것임을 은연 중 강조했다. 야나세 심의관은 "일본은 고령화된 사회이기 때문에 사물인터넷IoT, 인공지능, 빅데이터 등을 적극 활용할 수 있는 테스트 베드가 될 수 있다"고 말했다. 그는 "세계경제포럼 등과 같은 네트워크를 통해 글로벌 표준을 만들어 새로운 시대로 가는 창구gateway 역할을 할 것"이라고 강조했다. 또 "일본 정부는 프로젝트별로 '규제 샌드박스 제도'를 통해 과감한 규제 개혁에 나서겠다"고 말했다.

다보스포럼을 맹목적으로 찬양하거나 신봉할 필요는 없다. 하지만 이런 글로벌 소통의 장터를 세계 지도자들이 어떻게 활용하고 있는지에 주목할 필요는 있다. 최근 하루가 멀다고 터져 나오는 적폐 청산과 관련한 소모적인 논쟁으로 국력을 낭비하기보다 좀 더 미래를 고민하는 건설적인 논의가 이뤄져야 할 시점이라고 생각하기 때문이다. 앞으로 한국도 다보스포럼이라는 플랫폼을 적극 활용할 필요가 있다. 한국과 한국 기업들의 이익을 위해 이런 포럼에 적극 참석해 보다 생산적인 논의를 활발하게 진행했으면 하는 바람이다.

다보스포럼의
정상 연설

2018년 다보스포럼에는 70여 명 국가정상이 참석
했다. 역대 최대 규모다. 매년 초 세계 질서 밑그림
을 그리는 무대인 다보스포럼에서 치열한 외교 전쟁
이 벌어졌다. 주요국 정상들이 내세운 메시지를 천
착하면 앞으로 나갈 방향이 보인다. 미국, 영국, 프
랑스, 캐나다 정상들이 연설문 주요 내용을 번역해
발언의 맥락과 지향점을 분석해봤다.

미국 우선주의
못 바꾼다

©세계경제포럼

도널드 트럼프Donald Trump 미국 대통령

　비즈니스, 과학, 예술, 안보 및 정치 분야의 많은 지도자들이 수년 간 세계 번영, 평화와 안보 문제를 논의하기 위해 모이는 자리인 세계 경제포럼에 참석할 수 있게 되어 큰 영광이다.

　나는 이곳에 미국 국민들의 이익을 대변하고, 미국인들이 더 나은 세상을 만들어가기 위해 결성한 파트너십과 여러분과의 우정을 재확 인 시켜드리기 위해 이 자리에 참석했다. 포럼에 참석한 다른 국가들 과 마찬가지로 미국은 모든 사람들이 번영할 수 있는 미래가 오길 희망하며 아이들이 폭력, 빈곤 그리고 두려움으로부터 자유롭게 클 수 있는 세상을 꿈꾼다.

2017년, 미국은 놀랄 만한 발전을 이루었다. 우리는 잊힌 지역사회를 일으켜 세웠고, 새롭고 열정 넘치는 기회들을 창출했으며, 좋은 직업을 얻고, 안전한 보금자리를 갖고, 아이들을 위한 더 좋은 삶을 꿈꾸는 아메리칸 드림을 모든 미국인들이 가질 수 있도록 도왔다.

수년간 이어진 경기 침체기를 극복하고, 미국은 다시 한 번 폭발적인 경제 성장을 이루고 있다. 주식 시장은 연이어 최고치를 경신하며, 미국 대선을 기점으로 7조 달러 이상의 새로운 부를 창출했다. 소비자, 기업, 제조업의 심리 및 신뢰도 지수 상승 또한 수십 년간 경험해 보지 못한 역대 최고치를 기록하고 있다.

내가 대통령에 당선된 후 미국은 240만 개의 일자리를 창출했다. 소규모 기업들의 경제 전망은 아주 낙관적이다. 실업률은 반세기 동안 보아온 이래 거의 가장 낮은 수치를 보이고 있다. 흑인의 실업률은 미국 역사상 어떤 수치보다도 가장 낮다. 히스패닉계 미국인들에게도 이는 마찬가지이다. 세계는 강하고, 번영하는 미국의 부활을 목도하고 있다.

나는 이곳에서 명쾌한 하나의 메시지를 전달하고자 한다. 미국에서 고용, 건설, 투자, 성장을 하기에 이보다 좋은 때는 없었다. 미국은 기업들에게 활짝 열려 있으며, 경쟁력을 갖추고 있다. 미국 경제는 세계에서 가장 크고, 최근에는 미국 역사상 가장 큰 폭의 감세와 개혁을 단행했다.

우리는 중산층과 중소기업을 대상으로 세금을 대폭 삭감하여 그들이 힘들게 번 돈을 더 많이 가져갈 수 있도록 했다. 또한, 법인세율을 35%에서 21%로 낮추었다. 그 결과, 수백만 명의 근로자들이 고용주로부터 약 3,000달러에 이르는 감세 보너스를 받을 수 있었다. 감세 법안은 미국 평균 가계 소득을 4,000달러 이상 증가시킬 것으로 예상된다. 또한, 세계에서 가장 큰 기업인 애플은 해외보유 현금 2,450억 달러를 미국으로 들여올 것이라고 발표했다. 그들의 미국 경제에 대한 투자금은 향후 5년간 총 3,500억 달러가 넘을 것으로 예상된다. 지금이야말로 여러분의 사업, 일자리 그리고 투자를 미국으로 옮겨올 적기이다.

이는 특히나 우리 정부가 폭넓게 시행한 규제 완화 덕분에 가능했다. 규제는 보이지 않는 세금이다. 다른 여러 나라들에서도 그렇듯, 미국의 비非선출 관료들은 투표는 물론 입법 토론의 과정도, 설명 책임도 없이 시민들에게 반反기업, 반反노동자 규제를 시행해왔다.

하지만 미국에서 이런 시대는 이제 끝났다. 나는 한 가지의 새 규제를 만들 때마다 두 가지의 불필요한 규제를 없애겠다고 약속했다. 우리는 기대 이상으로 큰 성공을 거뒀다. 우리는 과거 어느 때보다 더 성공하고 번창할 수 있도록 기업들과 근로자들에게 자유를 주고 있다. 자본과 투자를 유치하고, 국내 생산을 유도해 이에 대한 보상책이 돌아가는 환경을 조성하고 있다. 혁신, 창조, 건설이 가능한 미국으로 오라고 말하고 싶다. 바로 미국이 여러분이 사업을 할 곳이다.

나는 미국에 대한 믿음이 있다. 다른 나라 지도자들도 그러하듯 나는 미국의 대통령으로서 언제나 미국의 이익을 우선할 것이다. 하지만 '미국 우선주의'가 '미국 혼자'를 의미하는 것은 아니다. 미국이 성장하면 세계도 같이 성장한다. 미국의 번영은 전 세계에 수많은 일자리를 창출했고 미국의 창의력, 혁신, 우수성을 향한 추진력은 모두가 풍요롭고 건강한 삶을 영위할 수 있도록 했다.

미국은 고용과 성장을 촉진하기 위해 국내 개혁을 추진함과 동시에 국제 무역 체제를 개혁해 광범위한 공동 번영을 촉진하고, 정해진 질서를 따르는 이들에게는 그에 합당한 보상을 줄 수 있도록 노력하고 있다. 몇몇 나라들이 다른 나라를 희생시키며 무역 시스템을 악용한다면 우리는 자유롭고 개방된 무역 거래를 할 수 없을 것이다. 미국은 자유무역을 지지하지만 이는 공정하고 상호적이어야 한다.

결국 불공정 거래는 우리 모두에게 해롭기 때문이다. 미국은 방대한 지식재산권 침해, 산업 보조금 지급, 만연한 국가주도 경제계획과 같은 불공정한 경제 관행을 더 이상 못 본 체 하지 않을 것이다. 이를 포함한 여러 약탈적 행동은 세계 무역 시장을 파괴하고, 미국과 전 세계의 기업들은 물론 노동자들에게까지 해를 끼치고 있다.

다른 나라 지도자들이 자국의 이익을 지키는 것을 모두가 자연스럽게 기대하는 것처럼 나는 미국 대통령으로서 언제나 미국의 이익, 미국 기업과 노동자들의 이익을 지킬 것이다. 우리는 현존하는 무역법을 준수하고 무역 시스템의 완전성을 회복시킬 것이다. 공정하고 상호적인 무역을 통해서만 우리는 미국과 모든 국가를 위한 시스템을 만들 수 있다.

앞서 언급하였듯이, 미국은 모든 국가와 상호 이익이 되는 양자무역협정을 협상할 준비가 되어 있다. 여기에는 TPP(환태평양경제동반자협정) 11개 회원국도 모두 포함된다. 우리는 이미 그들 중 몇몇과는 협정을 맺고 있다. 모두의 이익에 부합하기만 한다면 개별적으로 혹은 단체로 나머지 국가들과 협상하는 것도 고려할 수 있다.

우리 정부는 이밖에도 미국의 신뢰와 독립성을 회복하기 위한 조치들을 신속히 취하고 있다. 에너지를 생산하는 데 부과하던 규제를 없애 시민들과 기업들에게 합리적 가격에서 에너지를 공급하고, 세계를 위한 에너지 안보 또한 장려하고 있다. 어떤 국가도 단일 에너지 공급자의 횡포에 피해를 봐서는 안 된다.

미국 경제는 회복하고 있다. 지금이야말로 미국의 미래에 투자할 때이다. 우리는 미국의 경쟁력을 높이기 위해 큰 규모의 감세를 단행했고, 부담스러운 규제도 기록적인 속도로 제거하고 있다. 대응력과 책임감을 높일 수 있도록 관료 집단을 개혁하고 몸집을 줄이고 있다. 또 법이 공정하게 집행될 수 있도록 보장하고 있다. 우리는 세계 최고의 대학들과 인재들을 보유하고 있고, 풍부하고 저렴한 에너지를 가지고 있다. 지금만큼 미국에 진출하는 것이 매력적이었던 때는 없었다.

안보 없이는 번영을 기대할 수 없기 때문에 우리는 미국 군대에 역사적인 투자를 진행하고 있다. 불량 정권, 테러리즘, 수정주의 세력들로부터 세계를 안전하게 지키기 위해 우리는 동맹국들에게 자국을 위한 방위에 더 투자하고 재정적 의무를 다 할 것을 요구하고 있다. 공동 안보는 모든 국가의 공평한 기여를 요구한다. 우리 정부가

UN(국제연합) 안전보장이사회 및 전 세계 모든 국가들과 함께 한반도 비핵화를 목표로 최대한의 압박을 가하기 위한 역사적 공조를 이끌어낸 데 자부심을 느낀다. 그리고 우리는 우방에게 이란의 테러리스트 지원과 핵무기 보유 시도를 저지하라고 촉구하고 있다.

미국은 동맹국들과 협력해 ISIS와 같은 지하드 테러집단들을 파괴하고 있다. 우리는 광범위한 연대를 통해 테러 분자들이 우리의 영토와 국민에게 영향을 미치지 못하도록 자금을 끊고, 그들의 사악한 이데올로기가 지지받지 못하도록 힘쓰고 있다. ISIS로부터 한때 빼앗긴 이라크와 시리아의 영토를, ISIS 파괴를 위한 연합군Coalition to Defeat ISIS 이 거의 100% 되찾아 왔다고 밝힐 수 있게 돼 매우 기쁘다. 우리의 승리를 굳건히 하기 위해서는 더 많은 투쟁과 노력이 필요하다. 그리고 우리는 아프가니스탄이 시민들을 대량학살하려는 테러리스트들의 안전한 피난처가 되지 못하도록 해야 한다. 오늘 이 자리를 빌어 이와 같이 중대한 노력에 동참한 나라들에 감사의 말씀을 전하고 싶다. 여러분은 자국 시민들만을 지킨 것이 아니라 수백만 명의 생명을 구하고 희망을 되살린 것이다.

테러리즘과 관련해 우리는 우리나라를 보호하기 위해 필요한 모든 것을 할 것이다. 미국 시민을 지키고 국경을 방어할 것이다. 또한 국가 안보 및 경제적 안전을 위해 우리의 이민 시스템을 공고히 할 것이다.

미국 경제는 최첨단이지만 이민 시스템은 과거에 멈춰 있다. 우리는 지금과 같이 가족이 함께 한 단위로 이민 오는 것을 가능하게 하는 정책을 폐지해야 한다. 우리는 미국 경제에 기여할 수 있고, 재정적으로 자립할 수 있으며, 미국을 발전시킬 수 있는 능력을 가진 사람을 선별해 이민 가능 여부를 결정짓는 메리트 기반 시스템을 도입해야 한다.

미국 재건을 위해 우리는 인력 개발에도 큰 힘을 쏟고 있다. 가장 좋은 빈곤 퇴치 프로그램이 바로 월급paycheck이라는 것을 잘 알고 있기 때문에 사람들이 '의존'에서 '자립'의 상태로 넘어갈 수 있도록 돕고 있다. 국가가 성공하기 위해서는 경제에 투자하는 것만으로는 충분하지 않다. 우리는 사람에 투자해야 한다. 사람들이 잊히면 세상은 분열된다. 잊힌 사람들의 목소리를 듣고 응답함으로써 우리는 진정으로 모두가 공유할 수 있는 밝은 미래를 창조할 수 있다.

국가의 위대함은 총생산량 그 이상이다. 국가의 위대함은 시민들의 총합이라 할 수 있는데, 여기엔 그들의 가치, 긍지, 사랑, 헌신, 개성이 포함된다. G7(주요 7개국) 정상회의에서, G20(주요 20개국) 정상회의, UN 총회, APEC(아시아태평양경제협력체), WTO(세계무역기구) 그리고 오늘 세계경제포럼에 이르기까지 트럼프 행정부는 모든 자리에 참석했고, 그 자리에서 자유 주권 국가들이 공동의 목표와 꿈을 위해 협력하면 우리 모두가 더 강해질 수 있다는 메시지를 전달했다.

오늘 이 자리에는 전 세계에서 모인 주목할 만한 시민들이 다수 있다. 여러분은 국가 지도자이거나, 거물급 사업가 또는 여러 다양한 분야의 지성인들이다. 여러분은 사람들의 마음을 움직이고, 삶을 변화시키며, 국가의 운명 또한 만들어 갈 수 있는 영향력을 가지고 있다. 이러한 힘 뒤에는 여러분을 그 자리에 있게 한 사람들, 노동자들, 그리고 고객들에게 충실할 의무 또한 따른다.

우리 모두 함께 목소리를 내고, 힘과 자원을 사용하여 그들 어깨의 무거운 짐을 덜어주고, 희망과 꿈을 키울 수 있도록 힘을 모으자. 그들의 가족, 지역사회, 역사 그리고 미래를 지켜 나가자. 이것이 바로 우리가 미국에서 현재 실행하고 있는 일이며 나는 결과를 확신한다. 이러한 노력들로 인해 새로운 사업과 투자가 봇물을 이루고, 실업률도 수십 년 만에 최저 수준을 기록하며, 그 어느 때보다도 밝은 미국의 미래를 점칠 수 있는 것이다.

여기 계신 모든 분들을 우리가 함께 만들어 가고 있는 놀라운 미래로 초대하고자 한다. 포럼 호스트께 감사의 말을 전하며, 청중으로 함께한 지도자들과 혁신가들에게도 감사드린다. 그리고 그 누구보다도, 매일 열심히 일하고 더 나은 세계를 만들기 위해 힘쓰고 있는 모든 남성, 여성 근로자들께 감사의 마음을 전한다. 그들이 있기에 모든 나라가 운영될 수 있다고 생각한다. 우리 모두 그분들께 사랑과 감사의 뜻을 전했으면 한다. 하느님의 축복이 여러분과 함께하길 빈다.

위험이 기회를
능가하지 않아

테레사 메이Theresa May 영국 총리

2017년에 나는 이 자리에서 자유무역의 혜택이 모든 사람에게 주어지지 않고 있다고 주장했다. 정치와 비즈니스 리더들이 이 문제를 간과한다면 앞으로 세계의 안보와 번영이 달려 있다고 해도 과언이 아닌 '국제공조체계entire rules based system'에 대한 대중적 지지가 약화될 위험이 있다고 이야기했다.

나는 세계경제 발전과 번영에 크게 기여한 자유무역이나 '국제공조체계'로부터의 이탈은 결코 이 문제에 대한 해답이 될 수 없으며,

현재의 세계화 체계를 유지하면서 모두에게 효과적인 세계 경제를 구현하기 위해 노력하는 데 그 해답이 있다고 주장했다.

1년이 지난 지금 세계 경제는 낙관적이다. IMF(국제통화기금)에 따르면 2017년 한해 세계 총생산량은 3.7% 증가했으며, 세계 경제의 성장세는 지속되고 있다. 극좌, 극우의 포퓰리즘은 그들이 예측한 만큼의 성과를 거두지 못했다. 영국의 생산성은 증가하였고 실업률은 지난 40년 동안의 최저치를 기록하였으며, 이 외에도 정부와 기업이 협력하여 새로운 일자리 창출과 기회 제공 등과 같은 많은 성과를 이루었다. (중략)

기술의 힘을 이용하는 것은 단순히 이익과 편의를 증대시킬 뿐 아니라 인류 발전의 근원이 되기도 하지만 인류에게 새로운 과제를 제시하기도 한다. 예를 들어, 기술 발달로 인한 미래 일자리 감소, (악의적인 의도를 가진 이에 의해) 악용될 경우 가족과 아이들의 안전과 안위가 위협받는 것 등을 예로 들 수 있다. 나는 기술이 가진 거대한 잠재력을 최대한 활용할 수 있는 방법을 이야기하고자 한다. 전기 발명에서부터 공장 생산에 이르기까지 역사의 긴 세월에 걸쳐 처음에는 불안했던 혁신이 이전에는 상상할 수 없던 발전을 가져왔으며, 우리는 이러한 변화를 모든 사람들에게 적용할 수 있는 방법을 찾았다. 이제 우리는 그렇게 다시 길을 찾아야 한다.

그렇다면 우리는 어떻게 기술을 활용할 수 있을까? 해답은 정부와 기업의 협력에 있다. 정부와 기업이 협력하여 기술이 주는 기회를 포착하고 양질의 일자리를 창출하는 것이다. 이것이 내가 '현대 산업 전략의 발전development of a Modern Industrial Strategy'을 영국 정부의 핵심 의제로 다루는 이유이다. 이 의제는 더욱 탄탄하고 내실 있는 경제를 위한 장기적인 과제이며, 나는 이것이 기업에게 좋은 영향을 줄 수 있다고 믿는다.

이렇게 많은 발전이 가능할 수 있었던 것은 혁신, 창의성, 위험을 감수하는 '자유경쟁시장free and competitive market'의 특성 때문이다. 정부의 역할 또한 굉장히 중요하다. 정부는 기업이 출현하고 성장할 수 있는 환경을 조성하고, 국가의 미래에 투자할 수 있도록 권장해야 한다.

내가 지금 여러분에게 던지고자 하는 영국의 산업 전략에 대한 메시지는 분명하다. 영국은 사업을 시작하고 성장시킬 수 있는 세계 최고의 국가가 될 것이다. 우리 정부의 산업 전략은 국가 차원의 인프라에 대한 투자와 좋은 교육과 직업훈련을 통한 인재양성, 그리고 급변하는 세계 경제에서 기업이 살아남기 위해 필요한 기술을 제공하는 것이다.

이러한 규범의 지지 기반인 대중의 호응을 이끌어내고 유지하기 위해서는 우선 미래 일자리에 대한 우려를 불식시키는 것이 중요하다. 20년이 넘는 세월 동안 몸담았던 본인의 일자리가 머지않아 기술의 발달로 대체될까 걱정하는 노동자들의 고충을 함께 이해해야 한다. 노동시장이 스스로 일자리 문제를 해결할 것이라 생각하고 방관하는 것은 결코 해답이 아니다.

모두가 글로벌 성장의 혜택을 누릴 수 있도록 결단력 있게 행동하는 것이 필요하다. 이것이 우리가 지역 사회가 가진 강점을 바탕으로 새로운 일자리와 산업을 창출하는 데 주력하는 이유이다. 지역사회가 가진 강점을 정부와 산업계가 잘 활용한 예로 영국의 동부 해안지역 '헐Hull'과 지멘스가 파트너십을 맺고 해상 풍력을 이용해 수백 개의 일자리를 창출한 것을 들 수 있다.

우리가 오늘의 새로운 일자리 창출을 위해 노력하는 것처럼 사람들이 내일의 일자리 또한 보장받을 수 있도록 도와야 한다. 우리는 이미 세계적 수준인 고등교육 시스템과 함께 세계 최고 수준의 기술 교육 시스템을 구축하고 있으며, 그들의 직무를 통해서 재교육을 꾀할 수 있는 '국가재교육제도National Retraining Scheme'도 개발 중에 있다.

우리는 디지털 기술 교육과 재교육을 지원하기 위해 60개가 넘는 대학, 기업 및 업계 전문가들의 협력체인 코딩연구소Coding Institute를 설립하고 있다. IT 기업들과의 대화를 통해 사람들이 디지털 경제에서 새로운 기회를 얻어내는 데 도움이 되는 '재교육'에 대한 기업의 사회적 책임을 얼마나 진지하게 생각하는지도 알 수 있었다. 이 전략과 비즈니스 파트너십은 경제의 바탕이 되는 기초 요건 그 이상을 의미한다. 이는 미래의 기술에 대한 기회를 포착할 수 있도록 돕는 역할도 한다.

영국은 공공 및 민간부문 R&D(연구개발)에 투자를 아끼지 않고 있으며, 향후 10년간 공공 및 민간부문 R&D 투자금액은 800억 파운드를 웃돌 것으로 예상된다. 또한 우리는 저탄소 기술의 개발, 제조 및 활용에 앞장서고 있다. 기술을 활용해 질병을 조기에 진단하고 치료해 인구 고령화에 대비하고 있다.

또한 영국은 '딥마인드Deepmind(알파고 개발사)'와 같은 자국기업의 성공을 기반으로 인공 지능 분야의 세계적인 선도 국가로 자리매김 하고자 한다. 인간은 AI가 가진 역량의 극히 일부분만을 본 것이라 생각한다. 자율주행차량이 도로 위 사망자를 현저하게 줄이는 세상을 상상해 보기 바란다. 중요한 인프라에 대한 원격 모니터링 및 검사가 위험한 작업을 더욱 안전하게 만드는 세상을 상상해 보기 바란다. 전 세계의 질병 확산을 예측하고 예방할 수 있는 세상을 상상해 보기 바란다. 이것이야말로 인간이 기술의 발달을 원하는 이유이고, 우리가 기대할 수 있는 미래의 모습이다.

이미 영국은 인공지능 기술을 공공서비스 분야에 활용 및 적용할 수 있는 가장 준비된 국가이다. 지난 3년간 평균적으로 매주 한 개의 AI 스타트업이 생겨나고 있는 영국은 스타트업 기업들이 필요로 하는 기술에 투자하고 있다. 일례로 AI 및 관련 분야의 박사 학위를 지원하기 위해 약 4,500만 파운드의 예산을 편성하고 투자했다.

우리는 영국이 미래의 AI, 즉 기술 발달이 우리에게 부여하는 모든 기회를 잡을 수 있도록 노력할 것이다. 이러한 기술 기회를 포착하고 나아가 변화가 모든 사람들에게 일이나 일상생활에 도움이 되도록 해야 한다. (중략)

디지털 헌장Digital Charter은 다음과 같은 원칙을 중시한다. 사람들이 오프라인에서 갖는 권리는 동일하게 온라인상에서도 보호돼야 하고, 인터넷은 자유롭고 개방적이며 접근 가능해야 한다. 온라인 세계의 규칙을 이해하고 개인 정보를 존중하며 적절하게 사용해야 한다. 특히 미성년자를 포함한 모든 이들이 온라인 세상에서 안전할 수 있도록 보호 조치가 마련돼야 하고, 신기술이 가지고 온 사회적, 경제적 이익은 공평하게 공유돼야 한다.

이 모든 노력은 혁신 친화적 규제를 바탕으로 영국을 디지털 비즈니스 분야에서 성장하고, 가장 좋은 국가로 도약시키고자 하는 굳은 결의이다. 기술 기업, 투자자 및 모든 국제 파트너가 자신의 역할과 의무를 수행해야 한다.

세계화, 개방 경제, 자유 무역 및 기술 진보 등을 지지하는 많은 지도자들이 이것이 주는 혜택이 모든 국가와 국민 모두에게 공평하게 돌아갈 수 있는 방법을 이번 주에 모색하고 있다. 우리의 리더십은 우리들의 실천으로 평가될 것이다. 나는 이 자리에서 세 가지를 명확히 하고자 한다.

첫째, 국제 규범 체계에 기초한 공조는 자유롭고 공정한 무역과 투자에 대한 규율을 정하고 이를 지지해야 한다. 각기 다른 방향으로 흩어져선 안 된다.

둘째, 급변하는 세계 경제에서 기술이 진보의 원동력이 될 것이라는 신뢰를 재구축하고 앞으로 더 큰 도약의 과정에서 누구도 소외되지 않도록 하는 것이다.

마지막으로 우리는 직면한 '위험과 과제'가 '기회'를 능가하지 않는다는 것을 잊지 말아야 한다. 우리가 직면한 과제에 맞춰 규범의 재정비가 필요하다. 내일이 줄 보상을 놓치지 말아야 한다.

우리를 이 자리에 있게 한 자유무역과 기술 발전이 가진 힘은 앞으로 우리 아이들과 후손들의 삶을 풍성하게 할 잠재력에 비교하면 아무것도 아니다. 영국은 이 시대가 주는 기회를 놓치지 않고, 모두를 이롭게 하기 위해 국제 규범과 협력 체계를 구축하는 데 앞장선 사랑스러운 역사를 가지고 있다.

이제 한 발 더 나가기 위한 준비도 모두 마쳤다. 우리 모두 정부, 산업, 재계, 더 나아가 사회 전반의 협력을 제고해야 한다. 우리 모두와 우리들의 후손의 번영과 성장, 그리고 이익을 위해 함께 나아가길 희망한다.

프랑스,
유럽의 중심으로 돌아왔다

에마뉘엘 마크롱Emmanuel Macron 프랑스 대통령

  프랑스는 국제 질서 위기와 구조적 변화에 직면하고 있다. 내가 지금 이 자리에 서 있기 몇 달 전까지만 해도 나는 내가 이곳에 올 수 있을지 확신할 수 없었다. 나는 극우 정당과의 힘겨운 사투를 벌여야 했다. 왜 그래야 했을까? 왜냐하면 프랑스 국민들이 세계화에 느끼는 걱정과 두려움 때문이었다.

  프랑스 국민들은 왜 그렇게 두려워하는 것일까? 이는 세계화가 우리가 기대했던 번영을 가져오지 않았고, 결과가 미약했기 때문이다.

우리는 실업, 공공부문의 적자, 성장 지체를 경험했다. 우리는 이러한 문제들을 풀어낼 해결책을 마련하지 못했다. 그리고 몇몇 사람들은 프랑스 국민들로 하여금 세계화를 뒤로 하고 고립을 택하라고 제안하기도 한다.

이런 움직임은 거의 모든 나라에서 일어나고 있고, 나는 이에 대해 특히 무거운 책임감을 느낀다. 내가 언급한 책임감은 프랑스를 더 번영하도록 만들고, 프랑스가 세계를 향해 더욱 개방되며 세계화의 그늘에 가려진 이들을 포용하고 감싸 안도록 만들겠다는 것이다.

우리는 세계화가 중산층에게 더욱 공정한 결과를 안겨주는 것임을 입증해 주어야 한다. 이는 현재 프랑스에서 논쟁이 되고 있는 사안이고, 내가 '동시대인으로서' 느끼고 있는 거대한 도전인 동시에 해결해야 할 과제이다. 현재 우리가 당면한 상황은 굉장히 명확하다.

우리는 공정한 시스템에 투자함으로써 프랑스가 더 경쟁력을 갖추고 혁신적인 나라가 되도록 만들어야 한다. 나의 목표는 프랑스가 유럽연합의 일원으로서 더욱 경쟁력을 갖추도록 만드는 것이다. 나는 이 자리에서 목표를 이루기 위한 방안을 제시하고자 한다.

첫째, 나는 인적 자원에 대해 얘기하고자 한다. 우리가 사는 세계는 변화하고 있고, 변화의 시대에는 육체 노동력이 아니라 뛰어난 두뇌를 가진 인재가 필요하다. 우리는 좋은 교육과 직업 훈련을 받은 인재를 필요로 한다. 프랑스 국민들은 모두 변화에 적응해야만 하고 효과적으로 교육받아야 한다. 이러한 맥락에서 우리는 현재의 교육 시스템을 근본적으로 개혁하기 시작했다. 이는 지난 몇 년간의 지능 지수

에서 프랑스가 다른 나라에 비해 뒤쳐졌기 때문이다. (중략)

프랑스는 교육과 직업훈련에 거대한 투자를 함과 동시에 전체 시스템을 더욱 간소화하고 효율적으로 만들 것이다. 이와 함께 우리는 연구 개발을 통해 경제 시스템을 탈바꿈시켜야 한다. 프랑스 정부는 파괴적 혁신을 일으킬 혁신적 프로그램과 연구에 투자하기 위해 100억 유로에 달하는 기금을 조성하는 한편 현재의 세제 혜택 시스템을 강화하고 유지시킬 계획이다. 다시 강조해서 얘기하자면 우리 정부는 연구개발과 인적 자원에 집중할 것이다.

경쟁력 있는 프랑스를 만들기 위한 두 번째 방안은 투자와 자본에 관한 것이다. 프랑스와 같은 경제 체제에서 혁신과 기술 주도 경제를 만들기 위해서는 경쟁력 있는 금융 시스템이 필요하다. 그러나 현재 우리나라는 이를 위한 투자 자금이 아니라 노동 시장의 임금과 관련된 부분에 금융 역량이 더 집중되어 있다. 우리는 리스크를 감수하면서 동시에 핵심적인 혁신 기술에 기꺼이 투자할 기금과 자본을 필요로 한다. 이러한 필요에 부응하고자 우리 정부는 현재의 저축 예산을 투자로 선회시킬 전반적 혁신을 도입하고 있다. 현재 유럽연합과 국제 관계자들 간의 협의가 진행 중에 있고, 향후 지속가능하고 개선된 프로젝트들에 우선순위를 둘 계획이다.

이 작업을 더 원활하게 진행시켜줄 방안들이 현재 도입되고 있다. 한 예로 우리는 33%의 법인세를 대폭 줄였다. 우리 정부는 자본 소득세를 개혁했으며 경쟁력을 확보하기 위한 조치들을 취해가고 있다. 우리는 왜 이런 노력들을 하고 있을까? 궁극적 목표는 경제 회복 기조를 이어가고 프랑스의 경쟁력을 되찾고 노동비 부담을 줄임으로써 프랑스의 시장 매력도를 높이는 것이다. 이를 위해 우리는 파괴적 기술들에 투자할 금융 시스템을 구축할 것이다.

프랑스의 경쟁력 회복을 위한 세 번째 전략은 가속화와 유연성이다. 오늘날의 급변하는 세계에서 교육과 사회 안전망은 사람들의 삶을 보호해주는 필수적 장치이다. 그러나 우리는 더 유연한 사회구조와 변화를 기꺼이 수용하고 회사의 규모에 상관없이 이들의 성장을 뒷받침해줄 유연한 규제 시스템을 필요로 한다. 이것이 우리가 지난 여름 독일, 북유럽과 어깨를 나란히 하기 위해 법에 명시된 규제를 대폭 줄이고 이를 여러 기업과 개인들이 합의한 규율로 대체하는 노동 시장 개혁을 감행한 이유이다. 이는 기업들이 변화하는 환경에 더 잘 적응하도록 해줄 것이다. 우리가 단행한 조치들은 거대한 변화를 상징한다. 이는 프랑스를 더욱 생산적이고 경쟁력 있는 국가로 만들어줄 것이다. 나는 많은 프랑스 국민들이 이런 개혁을 오랫동안 기다려왔다고 생각한다.

가속화와 유연성은 주거, 에너지, 교통 등의 미시 경제영역의 개혁을 동시에 필요로 한다. 이를 통해 국민들이 생활 전반의 비용을 줄일 수 있고 국가 경쟁력을 확보할 수 있으며 우리 경제의 중심 산업을 더욱 빠르고 효율적으로 만들 수 있다.

네 번째 전략 방안은 기후 변화에 대응하기 위한 프랑스의 모델을 만드는 것이다. 이는 경쟁력 확보에 굉장히 큰 도움이 된다. 나는 정말 강력하게 얘기하고 싶다. 앞으로 기후 변화와 생산성이 양립할 수 없다는 생각을 버려달라고 말하고자 한다. 우리는 사람들의 재능을 필요로 한다. 재능은 삶의 질이 보장된 곳에서 피어날 수 있다. 지금 얘기하는 사항이 여러분에게 얼마나 호소력을 지닐지 나는 알지 못한다. 그러나 분명한 것은 우리가 지금의 기후 변화에 대응하기 위해 지혜를 모아야 한다는 것이다. 우리는 이를 위해 이산화탄소 배출량 감축 등의 녹색 성장을 도모하기 위한 일련의 조치들을 취해 왔다.

앞으로 또 어떤 시도를 해볼 수 있을까? 프랑스는 2021년까지 모든 석탄 화력발전을 전면 폐쇄할 계획이다. 우리는 이를 위해 더 많은 연구 개발 프로그램을 실시할 예정이고, '우리의 지구를 다시 위대하게 만들Make Our Planet Great Again' 연구 프로젝트를 수많은 스타트업과 함께 하고 있다.

마지막으로 다섯 번째 전략 방안은 문화적 변화이다. 나에게 있어 이는 법률 개정과 같은 가시적 개혁과 동등한 비중으로 중요한 의미를 지닌다. 문화적 변화는 지금까지의 관료주의를 타파하고 모든 것을 간소화하는 것을 의미한다. 프랑스는 쓸데없이 많은 규제와 복잡한 세법으로 악명 높다. 그 이유는 우리가 너무 정치에 골몰해왔기 때문이다. 우리는 경제보다 불평등 문제를 더 우위에 두고 살아왔다. 그러나 불평등 문제는 해결되지 않았고, 이를 개선하고자 만들었던 복잡한 시스템은 우리의 성장 잠재력과 경쟁력을 약화시키고 있다.

물론 프랑스 정부는 불평등 문제를 해결하기 위한 조치를 취할 것이다. 그러나 나는 이에 관해서는 잠시 뒤에 얘기할 것이다. 우선 우리 정부는 관료 조직을 다른 어떤 조직보다 간소화시킬 것임을 말씀드린다. 우리는 이를 실현하기 위한 다양한 조치들을 단행해왔다. 지난 6개월 간 관료 승진 체계를 대폭 간소화했고, 정부와 민간 영역 간의 관계를 완전히 변화시키기 위한 법안을 통과시키는 등 다양한 규제 철폐 조치를 취했다. (중략)

내가 말하고자 하는 가장 핵심적인 메시지는 프랑스가 다시 돌아왔다는 것이다. 프랑스가 유럽의 중심으로 돌아온 이유는 유럽의 성공 없이는 프랑스의 성공도 없다고 믿기 때문이다. 내가 대통령으로서 행하는 개혁과 이니셔티브는 유럽의 전략과 함께한다. 나는 유럽의 지도자들이 프랑스의 진정한 친구로서 이곳에 있고 함께 힘을 합쳐 우리의 구상을 현실로 만들 것이라 믿는다.

나는 메르켈 독일 총리가 몇 시간 전 이곳에서 자신의 비전을 이야기한 것을 들었다. 우리는 함께 그 비전을 이루기 위해 노력할 것이다. 거듭해서 말하자면, 우리 정부의 핵심 계획은 2019년과 2020년 유럽을 재건하는 것이다. 우리는 에너지, 디지털 기술, 이민, 투자와 관련된 이슈들을 2018년에 해결해나가야만 한다. 그러나 동시에 2018년은 우리가 유럽의 10년 대전략을 새롭게 디자인해야 하는 해이기도 하다. 왜냐하면 유럽은 미국, 중국과 견주어 자유와 정의, 공정, 인권을 존중하는 DNA를 지니고 있기 때문이다. 여러분은 이 가치들이 균형을 이룬 것을 오직 유럽에서만 찾아볼 수 있다. (이하 생략)

관행대로 기업 운영 시
모두 실패할 것

쥐스탱 트뤼도Justin Trudeau 캐나다 총리

　본격적인 논의에 앞서 나는 오늘 세계화의 맥락에서 진보적 가치
의 중요성에 대해 이야기할 것임을 미리 말씀드린다.

　그런 의미에서 TPP(환태평양경제동반자협정)의 남아 있는 일원인 캐나
다와 나머지 10개국이 도쿄에서 새로운 CPTPP(포괄적·점진적 환태평양
경제동반자협정)에 합의했음을 기쁜 마음으로 발표한다. 도쿄에서 이뤄
진 이번 합의는 올바른 결정이었음을 강조하고 싶다. 우리 정부는 캐
나다 국민들의 이익을 지켜냈다. 이 합의는 지속 가능한 성장과 번영,

그리고 다가오는 미래 세대를 위해 적절한 소득이 보장되는 중산층 일자리 창출이라는 우리 정부의 거대한 목표에 부합한다. 우리는 이 합의가 지식재산권, 문화, 그리고 자동차 분야에 있어 캐나다의 노동자들을 더 강하고 번영하도록 만들었다는 것에 대해 기쁘게 생각한다.

무역을 통한 혜택이 소수의 몇 사람에게만 돌아가는 것이 아니라 구성원 모두에게 돌아가는 것임을 환기한다면 이는 중산층을 더욱 탄탄하게 만들어 주는 수단이 된다. CPTPP는 이를 위한 새로운 발걸음이다. 오늘은 캐나다와 진일보한 무역을 위한 위대한 날이다. (중략)

우리는 다음을 생각해 볼 필요가 있다. 오늘날 변화의 움직임은 유례없이 빠르다. 이는 다시 과거처럼 느리게 진행되던 때로 돌아가지 않을 것으로 보인다. 여기에는 거대한 기회와 잠재력이 내포되어 있다. 기술은 언제나 더 나은 삶의 표준과 새로운 혁신과 괄목할 만한 생산물을 우리에게 선사해 주었다.

이는 우리가 증기력과 전기, 컴퓨터를 통한 혁신을 이루어낸 역사를 돌이켜보면 알 수 있다. 그러나 기술은 또한 사회, 경제, 정치 등 다방면의 문화에 걸쳐 극적인 변화를 불러왔다. 자동화와 인공지능AI 등이 지금껏 보여준 변화들은 세계의 일자리를 완전히 바꿔놓을 것이다.

나는 여기 계신 분들이 기업인으로서 이 변화에 흥분하면서도 도전적인 일로 여기고 있음을 알고 있다. 여러분은 분명 현존하는 비즈니스 모델이 얼마나 빠르게 몰락할지에 대해 근심하고 있을 것이다.

그러나 만약 여러분들이 이러한 점들을 걱정한다면 이곳에 오지 않은 대중들은 과연 어떻게 느끼고 있을지 한번 생각해 주기 바란다. 경제 성장의 혜택을 보지 못하는 사람들, 사다리를 올라가지 못하고 사다리 가로대를 겨우 붙들고 있는 사람들, 이들에게 기술은 그들의 일상엔 혜택일지 몰라도 그들의 직업에는 위협이다. (중략)

만약 우리가 아무것도 하지 않는다면, 그리고 우리가 '평상시와 같은 비즈니스 마인드'로 기업을 운영해 나간다면 우리가 사는 세계의 시스템은 망가질 것이고, 우리는 모두 실패할 것이다.

현 시대를 경쟁력 있게 살아가기 위해서라면, 변화는 필수적이라는 것을 우리는 알고 있다. 변화에 대한 대중들의 바람도 항상 존재해 왔다. 그러나 이제 우리는 스위치를 켤 때이다. 우리는 이제 무엇을 해야 할지 알고 있다. 지금까지 우리는 충분히 듣고, 배우고, 그리고 마침내 이끌었다. 물론 이러한 심대한 사회 변화는 굉장히 압도적으로 느껴지고, 우리로 하여금 어디서부터 시작해야 할지 갈팡질팡 하게 할 수 있다.

그래서 여기에 모인 모든 리더들이 즉시 행할 수 있는 중대한 변화를 제안하려 한다. 이는 내가 생각하는 리더십의 가장 중요한 원칙이다. 이는 또한 7명의 훌륭한 공동 의장의 리더십을 통해 보여줄 수 있는 2018년 다보스포럼의 가장 중요한 부분이다. 더 많은 여성을 고용하고, 그들을 승진시키고, 그들이 계속 일할 수 있게 도우라고 여기 계신 모든 분들에게 제안한다.

이는 단지 옳고, 멋있는 것처럼 보이기 때문이 아니라 현명한 일이기 때문이다. 전 세계 모든 곳에서 지난 수십 년간 경험했던 것과 마찬가지로 캐나다 또한 경제적 성장과 노동력의 증가가 여성의 노동 시장 진출을 통해 이루어졌다. 그러나 여전히 개선될 사항이 충분하고, 우리가 이를 통해 누릴 수 있는 많은 혜택들이 남아 있다. 맥킨지는 성별 임금 격차를 줄이는 것이 2026년까지 캐나다 경제에 1,500억 달러의 긍정적 효과를 줄 것이라고 예측했다.

한 연구 결과에 따르면 여성이 이사회 구성원 중 하나이거나 회사의 주요 직위에 있는 조직이 그렇지 않은 곳보다 더 좋은 성과를 낸다고 한다. 피터슨국제경제연구소는 여성 임원의 비중을 0%에서 30%로 증가시킬 경우 그 기업의 수익성이 15% 높아진다는 것을 발견했다. 최근 추정에 따르면 성별 경제 격차를 줄임으로써 1조 7,500억 달러가 미국 GDP(국내총생산)에 부가 효과로 창출될 수 있다고 한다. 중국의 경우 무려 2조 5,000억 달러의 GDP 상승효과가 있다. 이는 캐나다 전체 경제 규모와 맞먹는다.

여성을 고용하고, 이들을 승진시키고, 이들이 계속 일할 수 있는 여건을 마련하는 것은 기업의 수익을 높여주고 생각의 다양성을 키워준다. 여성을 포용하는 것은 새로운 단계의 혁신을 유도하고 갈등을 해결하는 동력이 된다. 지역사회에서처럼 일자리에 있어 여성의 참여를 독려하는 것은 기업을 더욱 내실 있게 만들어줄 것이다.

여성 채용 다음으로 다루어야 할 문제는 동등한 임금 문제이다. 이는 굉장히 중요한 주제다. 캐나다에서는 연방정부 차원에서 동일노동 동일임금을 위한 법제화를 2018년부터 시행하기 위한 움직임을 시작했다. 여기 계신 청중 중에 "나는 이미 동일임금 법칙을 내 기업에 적용하고 있어. 이런 얘기는 나와 아무 관련 없어"라고 생각하는 분은 소수에 불과할 것이라 생각한다.

이런 점에 비추어 보았을 때 이곳에 계신 많은 분들의 노고에는 감사드리지만, 그것만으로는 충분치 않다고 말씀드리고 싶다. 동일임금을 위한 노력은 매우 중요한 과제이지만 이는 단지 우리가 취할 수 있는 첫 번째 발걸음에 불과하다. 왜냐하면 여성에 대한 동일한 임금이 동등한 기회, 동등한 대우, 동등한 희생을 의미하는 것은 아니기 때문이다. 여성에게 남성과 동일한 임금을 주는 것은 그 자체로는 가족계획과 승진, 직업 안정성과 관련된 이슈들을 해결하는 첫 단추조차 되지 못한다. 여성은 남성보다 더 많이 시간제로 일하고, 임금을 받지 못한 채 일한다.

우리는 이를 어떻게 해결해야 할까? 우리가 조금만 깊이 들어가 보면, 또 우리가 한 꺼풀만 벗겨내면, 여성이 직장에서 마주하는 전체의 장벽을 볼 수 있다. 이 장벽을 제거하는 것은 분명 노력이 필요하고, 상급자들의 도움이 필요하며, 우리가 지금까지 당연시하던 직장 문화의 변화를 기꺼이 받아들일 수 있는 태도가 필요하다.

이는 무엇을 의미하는 걸까? 우리는 무엇을 해야 할까? 어떻게 하면 사내에서 여성의 참여를 높일 수 있을까? 어떻게 하면 여성들이 직장에서 더 잘 하도록 도울 수 있을까? 우리는 기업 문화를 근본적으로 바꿔 여성이 존중받고, 회사로부터 지원받고, 가치 있다고 느끼도록 해야만 한다.

우리가 어디서부터 시작해야 할지 여기 답이 있다. 이제 우리는 육아휴직과 아이돌봄 정책을 진지하게 돌이켜 보아야 한다. 우리는 여성과 남성 모두가 그들의 가족을 위해 최선의 선택을 할 수 있도록 용기를 줘야 한다. 캐나다에서는 부모들이 육아휴직과 관련해 더 많은 선택권을 가질 수 있도록 하고, 정부는 고품질의 저렴한 아이돌봄 서비스를 제공하기 위해 수십억 달러의 예산을 투자한다.

우리 정부는 중산층과·저소득층 부모들이 육아에 드는 고비용 부담을 덜어주기 위해 성공적인 육아 혜택을 새로 도입했다. 캐나다의 보육 정책은 재정적 부담이 가장 커 이를 가장 필요로 하는 싱글맘들에게 더 많은 금전적 지원을 주고 있다. 2017년 캐나다에서는 싱글맘의 90%가 6만 달러 이하의 수입을 얻고 있었고, 이들은 육아혜택을 통해 세금을 제외하고 총 9,000달러의 혜택을 받았다. (중략)

그리고 여기 있는 우리가 그 차별의 한 갈래이다. 이제 더 지체할 시간이 없다. 2017년 일어났던 여성 행진The Women's March을 기억할 것이다. 이 행진은 우리로 하여금 여성의 권리와, 평등과 성별 간 권력의 분배 상태에 대해 진지한 논의를 할 것을 요구하고 있다. 직장과 정부 기관에서 이루어지는 성희롱은 구조적 문제이며 이는 용납할 수 없다. 우리는 지도자로서 진정성 있게 보여 줘야 한다. 이제 우리는 지체할 수 없다. 우리 모두는 각자 직장 내에서 이뤄지는 성희롱을 퇴출시키기 위해 정교한 절차를 만들어야 한다. 우리가 이와 관련한 내부 고발을 받을 경우 이를 매우 진지하게 다뤄야만 한다. 여성이 목소리를 낸다면 이를 우선순위에 두고 신뢰하고, 들어야 할 의무가 있다.

이를 지금 우리가 다뤄온 것처럼 조각조각 해결할 과제로 여겨서는 안 된다. 우리는 이 문제를 앞으로 근본적이고 필수적으로 다루어야 한다. 기업과 정부는 여성들이 목소리를 낼 수 있는 플랫폼이 되도록 권한을 위임받았다. 이제 이들을 이용해야 한다. (중략)

이런 현실들에 비추어 여기 자리하신 분들에게 우리가 지금까지 들인 노력이 과연 충분한지 묻고 싶다. 여성을 고용하고, 승진시키고, 그들의 일자리를 보전하는 것은 지금 당장 우리가 할 수 있는 일이다. 더 많은 여성이 기업의 경영진 자리에 오르는 것은 단지 우리 경제를 성장시키고, 일자리를 늘리고, 지역사회를 탄탄하게 해주는 것만이 아니다. 이는 또한 기업에서 일하는 직원들이 간절히 원하는 변화와 혁신을 이끌어줄 것이다.

우리가 살아가는 세계에서 불안은 항상 존재해왔고, 이는 사라지지 않는다. 우리가 살아가는 이 시기는 불확실성의 시기이다. 우리는 사람들이 진정 문제로 여기고 있는 것들을 해결하는 데 책임감을 가져야 한다. 그리고 이를 해결하는 가장 확실한 방법은 귀 기울여 듣는 것이다. 만약 우리가 우리의 직원들과 시민들의 목소리에 귀 기울인다면, 우리는 진정한 해결책을 찾을 수 있다.

지금 이 방에 있는 여러분은 무한한 특권을 누리고 있다. 우리는 이 특권을 사회에 빚지고 있고, 다시 더 좋은 사회를 만들기 위해 써야 한다. 우리는 스스로에게 물어야 한다. 진정 주위 사람들은 고통스럽게 살아가는 데 부유한 자들만이 고립된 영토에 숨어 살기를 바라고 있지는 않은가? 혹은 모든 이들의 생각에 공정함이 가득한 세상을 만들고자 하는 것은 아닌가?

지금 이를 묻는 이유는 우리가 살아가는 지금 이 시기가 바로 부모 세대로부터 물려받은 때보다 훨씬 더 불평등이 만연한 곳으로 우리 아이들에게 남겨줄 위험이 크기 때문이다. 나는 우리가 더 좋은 세상을 만들어갈 수 있다고 믿는다.

진보는 분명 어려움을 동반한다. 그러나 더 높은 이상을 꿈꾸고, 협력한다면, 우리는 더 나은 미래를 열어갈 것이다.

2018 다보스리포트 : 빅테크 빅웨이브

초판 1쇄 2018년 4월 2일
초판 2쇄 2018년 4월 5일

지은이 박봉권 박용범 김세웅 김유신
펴낸이 전호림
책임편집 정혜재
마케팅 박종욱 김혜원
영업 황기철

펴낸곳 매경출판(주)
등록 2003년 4월 24일(No. 2-3759)
주소 (04557) 서울시 중구 충무로 2(필동1가) 매일경제 별관 2층 매경출판(주)
홈페이지 www.mkbook.co.kr
전화 02)2000-2641(기획편집) 02)2000-2636(마케팅) 02)2000-2606(구입 문의)
팩스 02)2000-2609 **이메일** publish@mk.co.kr
인쇄·제본 ㈜M-print 031)8071-0961
ISBN 979-11-5542-829-0(03320)

이 도서의 국립중앙도서관 출판예정도서목록(CIP)은 서지정보유통지원시스템 홈페이지(http://seoji.nl.go.kr)와
국가자료공동목록시스템(http://www.nl.go.kr/kolisnet)에서 이용하실 수 있습니다.
(CIP제어번호: CIP2018007723)